重庆第二师范学院"6～12岁儿童发展协同创
2017年度重庆市教委人文社科一般项目"重庆
估指标体系与实践路径"（项目编号：17SKG

# 中小学依法治校的

## 评估指标体系与实践路径

○ 彭燕凌　著

电子科技大学出版社

University of Electronic Science and Technology of China Press

**图书在版编目（CIP）数据**

中小学依法治校的评估指标体系与实践路径 / 彭燕凌著. -- 成都：电子科技大学出版社, 2019.6
ISBN 978-7-5647-7233-8

Ⅰ.①中… Ⅱ.①彭… Ⅲ.①中小学－学校管理－法制管理－研究－中国 Ⅳ.①G637

中国版本图书馆CIP数据核字(2019)第142324号

## 中小学依法治校的评估指标体系与实践路径

彭燕凌　著

策划编辑　李述娜

责任编辑　谭炜麟

出版发行　电子科技大学出版社
　　　　　成都市一环路东一段159号电子信息产业大厦九楼　邮编　610051
主　　页　www.uestcp.com.cn
服务电话　028-83203399
邮购电话　028-83201495

印　　刷　成都蜀通印务有限责任公司
成品尺寸　170mm×240mm
印　　张　12
字　　数　250千字
版　　次　2019年6月第一版
印　　次　2019年6月第一次印刷
书　　号　ISBN 978-7-5647-7233-8
定　　价　56.00元

# 前　言

随着科教兴国战略的实施和依法治国方略的确立，依法治校已成为党和政府管理教育的基本方针，成为我国教育管理体制的重要组成部分，而依法治校作为依法治教的重要组成部分，已成为 21 世纪学校管理的必然选择。无论在学校的内部管理，还是在学校的外部保障中，法治都将发挥重要作用，这已经引起一些有识之士的关注。目前，我国的教育改革与发展已经进入到前所未有的攻坚阶段，中小学校作为最基本和最基层的教育主体，担负着基础教育发展的重任，对国家实施依法治国、巩固"两基"、进一步推行义务教育、推动教育事业发展、提高综合国力具有现实的意义。学校能否发挥应有的作用，很大程度上取决于学校的管理理念和方略。学校的管理者必须确立依法治校的办学思路和治校方略，把学校管理纳入科学化、规范化、法治化的轨道。

教育部早在 1999 年就提出了依法治校的要求，2003 年印发了《教育部关于加强依法治校工作的若干意见》。2012 年为了进一步推动《国家中长期教育改革和发展规划纲要（2010 —2020 年）》的实施，教育部印发了《全面推进依法治校实施纲要》，全面阐述了依法治校的内涵、意义和指导思想，系统地提出了总体要求和具体措施。从理念层面上来看，实行依法治校，就是要严格按照教育法律的原则与规定开展教育教学活动，尊重学生人格，维护学生合法权益，形成符合法治精神的育人环境，不断提高学校管理者、教师的法律素质，提高学校依法处理各种关系的能力。从制度层面上来看，实行依法治校，就是要在依法理顺政府与学校的关系、落实学校办学自主权的基础上，完善学校各项民主管理制度，实现学校管理与运行的制度化、规范化、程序化，依法保障学校、教师、学生的合法权益，形成教育行政部门依法行政，学校依法自主办学、依法接受监督的格局。

依法治校不仅是一种理念，也是一种制度构建，更多涉及的是现实学校办学和管理中的具体技术细节。只有从操作层面上真正地依靠法律，依据法律去做、去实践，依法治校的法治意识和工作格局才有可能真正逐渐得到建立，依法治校的法治氛围才有可能真正确立，依法治校的法治思维也才有可能真正得以树立。

全书内容共分为八章，第一章到第三章是中小学依法治校的基础理论部分，第四章论述中小学依法治校与学校管理之间的具体运作模式，第五章、第六章是关于中小学依法治校评估体系的内容与构建，第七章和第八章是中小学依法治校的基本实践路径以及发展趋势。全书条理清楚，内容充实，可读性和实用性较强，希望为相关从业人员以及教学管理专业学生提供指导与帮助。

由于笔者知识水平有限，书中不足之处，敬请广大读者批评指正。

作者

2019 年 6 月

# 目 录

# 第一章　中小学依法治校概述

## 第一节　中小学依法治校的内涵

　　法治，就字面意义而言是"法律的统治"。法治作为一种观念，起源于古希腊时期，由当时倡导法治的亚里士多德针对柏拉图主张的"贤人政治"而提出。他认为法治优于人治，一是人类本性是任何人都有感情，而法律没有感情，不会受统治者个人好恶的影响；二是法律是集体制定的，具有正义和稳定性，"大泽水多则不朽，小池水少则易朽"；三是法治可以调动多数人的积极性。自此之后，经过封建的中世纪，欧洲的法治经历了一个漫长的发展和积累过程，直至现代产生了一些基本原则，如法律至上、司法独立和保障人权，总体上法治尤其特别关注和保障人权。法学史发展的每一个代表性阶段，都有其反映时代精神和特别的法制实践的焦点，而人的全面发展和保护是其中永恒的主题。时至今日，随着我国加入《经济、社会及文化权利国际公约》与《公民权利和政治权利国际公约》，社会生活的各方面都要贯彻法治精神和原则，充分保障人权，具体到学校管理就是要实行依法治校。

### 一、"依法"辨析

　　"依"是遵循、遵照、根据、依据的意思，"依法"狭义上是指依照我国宪法、法律、行政法规、地方性法规、自治条例和单行条例、规章。法治的逻辑指法律是最高的统治者，我们必须按照法律的规定办事，而不能将法律功用化、工具化，想用则用，不想用则放到一边；对自己有好处则用，对自己有束缚则不用。因此，"依"法是必须的，是不可以选择的。中小学到底该依照什么"法"，一般来讲，做狭义理解无疑是最准确的，但这样就可能存在范围狭窄而无法涵盖现实状况的问题。事实上，实践当中对中小学有约束力的不只是狭义上的法律、方针政策、政府的规范性文件以及中小学的自治规范，还有其他类似于法律的规范都具有引导和约束效力。在依什么法、如何依法的问题上，有必要运用法治的逻辑进行一番辨析。

### （一）中小学所依之法，从法源角度分析，只能是狭义的法

法治本质是宪政之治，依法首先是依宪。宪法在国家法律体系中处于根本大法的地位，是其他法律法规的母法，其他法律法规一定要依宪、合宪，否则就不具有法律效力。即使是宪法本身，尚且有一个合于正义要求、合于时代要求、合于规律要求、合于人民意志要求的问题，这是修宪层面的问题。法律常识告诉人们，宪法的修订有着较一般法律严格得多的标准和程序，宪法具有相对稳定的特点，宪法的稳定性是法律体系的基石。《立法法》第八十七条规定："宪法具有最高的法律效力，一切法律、行政法规、地方性法规、自治条例和单行条例、规章都不得同宪法相抵触。"《立法法》同时规定，法律的效力高于行政法规、地方性法规和规章。因此，法律体系内部，下位法若是违反上位法，各类法如果违反宪法，都不具有法律效力。所以，"依法"之法首先是合宪之法、合法之法。用法治的逻辑来解释，依法就是依宪。从法源意义理解，政策不是法律，并非立法主体遵循立法程序制定。因此，法治逻辑要求的依法治校之法，只能是狭义理解意义上的法。

### （二）中小学所依之法，从法治的精神和原则层面来理解，可以是政策，甚至是中小学自己的自治规范

这与上述第一点的论述并不矛盾，而只是一个问题的两个方面，二者内在统一于法治的逻辑当中。法律因其规范性特点而具有相对的稳定性和某种程度的滞后性、保守性，而现实社会又是千姿百态、纷繁复杂、瞬息万变的，为适应社会生活变化的需要，中小学要及时对外界各种情况做出反应，政府需要出台相应的政策进行指导和规范中小学的办学行为，因此，政策的约束力和重要性是不言而喻的。实际的状况也正是如此。众所周知，我国的政策和法律在阶级本质、经济基础、指导思想、社会目标等方面是高度一致的，党和国家的政策与法律都属重要乃至最重要的社会调整机制，但就政策和法律的性质和特点，调整社会生活的方式、手段等方面而言，二者却有着明显的区别。在当前教育领域法制不很健全的情况下，大量运用政策来调整中小学各种关系是在所难免的。随着国家改革开放深入发展，社会主义市场经济进一步健全，社会主义民主政治进一步完善，法

律在经济和政治生活中发挥的作用会越来越大。相应地，中小学就要从依靠政策过渡到既依靠政策又依靠法律，并进一步过渡到主要依靠法律来治校，这是法治逻辑的内在必然要求。在真正达到法治状态之前，也就是在法治建设过程的初始阶段，政策的重要性是不能被忽视的。政策是对法律必要的补充，政策也是依法治校的依据。因此，片面认为依法治校就是排除政策的适用效力，是形而上学的认识，是脱离实际的。

依法治校应该包含依政策治校，但如果因依法治校之"法"，广义上包括政策，就认为不管是什么政策，中小学都应毫无例外地遵照执行，那么如果政策多变和政出多门，其结果必然使中小学无所适从，中小学就有可能面临因依政策而处于违宪违法的境地。虽然依法治校包括依政策治校，但中小学所依政策必须合于宪法的规定，合于法律的规定，政策本身首先要合法，这就是法治的逻辑。政策的效力取决于它本身的合法性，如果中小学遵循的政策是不合法甚至是违法的，法律必然会以正义的尺度做出公正的裁判。依政策的本质是依法，依法的本质是依宪，这是依法治校的精神与原则。

中小学自定的自治性规范中小学规章制度，本质来讲属于中小学内部的管理措施范畴，似乎与法无涉，但这些规章制度本身就属于"治"的对象系统部分，如果仔细推敲就会发现，就约束力和规范性来讲，中小学依法治校包含着按制度办事的逻辑。依法治校的本意是中小学照章办事，这里的"章"指的是中小学自身符合法治精神和逻辑的自治性规范。中小学的制度一经制定，对中小学的所有人即具有约束力，中小学据此处理其与教职员工、学生的关系，就会产生外部法律效果，因此我国公立中小学的自治性规范也是其依法治校的一种依据，其性质类似于政府制定的规章。但同上述论及政策的作用时所阐明的一样，中小学规定本身有一个合法性的问题，也就是说，如果中小学的规定本身不合法，就不应当被实施，即使得到实施，也最终会得到法律的矫正。事实上，目前我国一些中小学规定仍然存在不合法乃至违法的问题。中小学依法治校的一个重要内容即是依法建章立制，而要使中小学制定的规定合法，中小学的管理者必须具备相当的法律知识水平，需有强烈的法律意识，严格依法办事，遵循一定的程序，这样才能将可能出现错误的概率降到最低。中小学的规章制度除了要合法之外，还存在一个合理性问题。法治的原则和要旨在于保护权利、促进自由、维护秩序和提高效率，如果中小学的校规仅是为了约束管理相对人，动不动施加给学生不必要的限制，则其合理性就存在问题，得到有效贯彻实施就会存在困难。当前，我国中小学的校规可操作性差，创新不够，不按照客观规律办事的问题还比较突出。而欲使中小学校的规章制度合理可行，一个可能和有效的办法就是发扬民主精神，集思广益，充分吸收各方面的合理建议和意见，这才是符合法治逻辑的做法。

现实中，在中小学依法治校的问题上，依什么样的法，是一件需要认真对待的事情。比如，纪律处分不能改变人的法律地位，中小学施加给学生的处分很多时候其实是行政处罚。行政处罚权的行使必须要有法律法规的明确规定和授权，否则其实施不具有法律效力，特别是当处罚涉及限制公民的人身自由时，只能由法律来设定。因此，中小学有无行政处罚权，在法律尚无明确规定的情况下，政府规章的规定受到挑战就是情理之中的事。在彰显法治的今天，面对学生诉学校案件不断上升带来的挑战，教育主管部门已着手对相关规定进行修改，但因涉及中小学法律性质定位等一系列复杂的法律问题，修改后的新规定迟迟不能出台。在法治社会中，原有的许多习惯做法正在受到越来越多的质疑和挑战，那种认为中小学管理和处分学生属于内部行为，而不具有可诉诸法律的情况正在改变，中小学校成为被告的情况也在逐渐增多。法治越是进步，就越凸显出中小学传统管理和办学方式的落后。依法治校是多层面、多维度的综合性系统工程，在"依法"的问题上，只能依符合法治的"法"，即依宪法、法律、行政法规和合宪、合法的政策以及合宪、合法的校规。

### （三）依法的本质是依民主、依民意、依规律，这是法治逻辑推演和展开后所能得到的必然结果

法治之法从本质上讲，既是实然之法，更是应然之法——良法。本质上，良法必须是能反映和符合自然之真、人性之善、生活之美的正义之法。依法就是要发扬民主、制约权力、保护权利，遵循客观规律依法治校就是民主治校、科学治校。在一些地方学校以言代法、以权当法的现象还存在时，依法治校就当然地担负起了防止和避免法外特权的重任，因此，依法治校有着很强的针对性。依法的对立面就是不依法乃至违法乱纪、专制不民主、专断不科学、不按规律办事、盲目决断、主观任意行事等。依法的真谛在于符合法治的逻辑和原则。

## 二、"治校"解析

所谓"治校"，可以从多种角度进行解读。"治校"可以表征过程，即依法推进民主、科学、规范管理的过程和行为，也可表征结果和状态，即一种管理权力得到科学合理规范，师生权利得到有效保护，民主权利得到充分发扬的自由与秩序和谐统一的法治状态。"治"不是管治，更不能将其与处罚画等号。治校的对象是学校的管理权力和公共事务，而绝非中小学的主体——教师和学生。按照传统的理解，一说到治校，首先想到的是管治教师和学生，因为传统的人治思维是把

教师和学生当做管理的客体而非管理的主体，凸显了法治逻辑和人治逻辑的截然不同。法治是众人之治，人治是少数人之治，"治"意味着科学管理的必要，不然就无法达到"治"的状态。中小学校目前在这方面还存在很多问题，管理失之于简单粗放、规则缺失、手段单一等，人治的成分和色彩很重，种种人治的现象属于要"治"的范畴。

### 三、依法治校内涵解析和本质解构

在现有教材、著作和期刊论文中，对依法治校内涵做出表述的目前主要有以下几种：① 依法治校是指各级各类学校依照有关的法律法规，组织实施教育教学及其他活动。② 依法治校就是广大师生在党的领导下，依照宪法和有关法律的规定，通过各种途径和形式管理学校事务，保证各项工作都依法行事，逐步实现社会主义民主的制度化和法律化。③依法治校就是要遵守法律法规，贯彻国家的教育方针，执行国家的教育教学标准，保证教育教学质量，维护受教育者、教师及其他职工的合法权益，以适当的方式为受教育者及其监护人了解受教育者的学业成绩及其他情况提供便利，遵照国家有关规定收取费用并公开收费项目，依法接受监督。④ 所谓依法治校，就是党政组织的领导依照国家的法律法规和学校据此制定的规章制度管理学校，处理教学、科研、服务等各项事务。⑤ 依法治校就是要在依法理顺政府与学校的关系、落实学校办学自主权的基础上，实现学校管理与运行机制的制度化、规范化，形成政府宏观管理，学校依法按照章程自主办学、依法接受监督的新格局。

如果将问题限定于中小学这个层面，我们可以看到，对依法治校内涵的表述存在很大差异。

以上五种表述把中小学依法治校的主体或说成是学校，实际指向的是党政管理机构，或说成是广大师生；将客体或说成是教育教学及其他活动，或说成是学校事务。对依法治校的途径也就是"治"或理解为管理，或理解为守法。对治校的依据也就是学校规章可不可以做治校的依据，理解上也存在分歧。到底何种理解比较接近和符合依法治校的本质，只有运用法治的逻辑做出分析才能得出比较科学的答案。

就主体而言，法治的主体只能是人民群众，也包括代表人民行使权力的国家权力机关、行政机关、军事机关、检察机关和审判机关。在我国，中国共产党是社会主义事业的领导核心，党的机关亦属法治的主体。就法治的客体，即法治所指向的对象而言，包括公共权力和社会生活两方面内容。就法治的内容和实现法治的途径来讲，无非就是制定、执行、遵守和适用法律的活动和过程。依法治校的主体理应是全体师生员工，客体理应是管理权力以及学校处理各项事务所形成的法律关系。

将中小学依法治校的主客体混淆，深层的原因是法治精神的缺失。实践中，真正应该且有权提出中小学依法治校的，首先应当是依法治校的主体——广大师生，而实践中往往是中小学的管理者最先提出这一理念，这表面上看是因为管理者居于中小学主导的地位，而深层次反映的是中小学民主的缺失，中小学真正的"主人"丧失话语权，成了中小学管理的对象和旁观者。从管理者（掌权者）提出依法治校的理念时起，依法治校的事实逻辑就背离了法治的应然逻辑。我国公立中小学的管理者都是上级委任的，管理者提出要实行依法治校时，无形中就已经在实质上将依法治校的真正主体对中小学法治的要求（最终落实为对管理者的要求），转换成中小学管理者对自身的一种道德诉求，甚或转换成中小学管理者对依法治校真正主体的一种约束性要求。这是因为中小学依法治校的客体之一是中小学的管理权力（法治的逻辑就是对权力的限制和规范），而管理者是权力的实际拥有者，当权力拥有者提出依法治校时，于自我本质上是一种道德性的自律诉求。权力的实际拥有者对自身权力的制约和规范不可能只靠自我约束达到目的，与由法治的主体——广大师生（理论上权力的应当拥有者）对管理者提出依法治校的要求相比，无疑后者是符合法治逻辑的。广大师生对管理者提出这样的要求实质是一种他律，如此权利要求就会对权力构成一种真正的制约和规范。归根结底，造成依法治校这一逻辑困境的根源在于我国中小学管理民主机制的缺失，中小学的管理者与中小学依法治校的主体构成了一对矛盾体。在理解依法治校本质的问题上，我们始终不能回避这样一个问题，即谁有权提出依法治校，谁应当提出依法治校，事实上又是谁提出了依法治校。

现实中，有关依法治校的种种错误解读中，有一种把依法治校过于简约化的倾向值得引起反思，我国法学者和法律人士对法治问题的思考，似乎有一种普遍的、固定化的思维倾向，这种思维倾向或者思维定式，就是简约化。这种简约化的思维倾向在理论上体现为对法治的有意无意地化简，在实践上体现为对法治的有意无意和或多或少的提纯。有人认为，依法治校无非就是遵守法律，不违法，把依法治校当做机械遵守法律的代名词，将依法治校蕴含的法治逻辑简化成守法，将依法治校等同于法律对于一般民众的守法要求，依法治校的意义被弱化、被简单化。还有一种简约化倾向，其表现是唯"有法可依"是论，将依法治校简化为单纯完善法律制度，提纯为制定法（对中小学自身来讲则表现为制定规章制度不考虑规则的必要性和可行性，造成法繁扰民的现象，许多规则得不到有效实施而成为"摆设"）。正是因为对法治的内涵和逻辑了解得不深、不透，知其一不知其二，才出现对法治问题的简化和提纯，将法治"唯法律论"化，而忽略对法治生成的土壤和气候、法治的宗旨等法治思维综合向度的全面透彻审视的现象。由上述思维倾向所制约，当前对依法治校问题的观察和思考所展现的"单一视角和单向维度"，便表现为既与我国中小学的法治理想相疏离又与中小学法治的现实需要相脱节，致使人们对中小学依法治校的价值和意义产生疑问。由于上述原因，有人甚至认为中小学实施依法治校是"有害"的，也有中小学的当权者将依法治校功用主义化。有需要了，对别人是"依法治校"，对自己我行我素、为所欲为。本书旨在说明法治逻辑对依法治校内涵和本质的重要意义，进而阐明依法治校的价值所在。

综上所述，中小学依法治校的内涵就是中小学在校长的领导下，通过广大师生员工特别是教师和管理人员，依法开展办学活动，对内维护学校秩序，对外维护学校合法权益，增进师生权益，推进事业发展。

# 第二节　中小学依法治校的理论依据

## 一、管理学

中小学依法治校涉及管理学的问题。管理是人类社会最古老、最普遍的现象之一，自从有了人类社会，就有了人类的管理活动。那么什么是管理？对此人们有着种种不同的解释。本书对管理的解释是：在组织中，有关人员对各种资源进行适当领导、组织和安排，以完成预定的目标和任务，它是由组织、目标、资源和效率四个要素组成的。而管理学研究的是这四个要素之间的有机结合。中小学依法治校作为教育管理的重要组成部分，属于管理学和教育学的边缘学科，即教育管理学的研究领域，教育管理学以各级组织和机构的管理现象、管理过程和管理规律为研究对象。人类社会的教育组织和机构五花八门，其中最普遍、最有代表性的是学校，所以学校管理充当了教育管理学研究的核心。教育管理学要研究学校组织的特性、学校的教育教学管理和后勤管理等问题。学校作为众多教育组织中的一种，其教育和管理过程要受到包括中央政府、地方政府、教育行政部门、社会团体、家长等的影响。此外，学校的管理也不是学校行政人员所能随意安排的，它要受到来自外界各种因素的制约，如教育体制、教育政策、教育法律、教育经费投入等，其中效力最高的当数教育法律。中小学依法治校乃是学校管理客观发展的必然趋势，管理学为中小学依法治校提供了理论基础。

## 二、政治学

政治学探讨国家或社会的政治制度、权力分配、决策过程、各种利益集团之间的关系问题，这些研究对于中小学依法治校有着重要的指导意义。

在我国进入全面建设小康社会，加快推进社会主义现代化新的发展阶段之时，我们实行和坚持依法治国的基本方略。十九大报告指出："积极发展社会主义民主政治，推进全面依法治国，党的领导、人民当家作主、依法治国有机统一的制度建设全面加强。"我国社会主义民主是维护人民根本利益的最广泛、最真实、最管用的民主。发展社会主义民主政治就是要体现人民意志、保障人民权益、激发人民创造活力，用制度体系保证人民当家作主。坚持党的领导、人民当家作主、依法治国有机统一。党的领导是人民当家作主和依法治国的根本保证，人民当家作主是社会主义民主政治的本质特征，依法治国是党领导人民治理国家的基本方式，三者统一于我国社会主义民主政治的伟大实践。全面落实依法治国基本方略，是建设政治文明的基本要求，也是社会主义政治文明建设的重大举措。中国政治发展的必由之路就是建设法治国家。建设法治国家是民主政治发展的必然结果，是当代民主政治的本质内涵。

保证教育事业的健康发展是国家的需要。教育的重要性早已是一个不争的事实。关于教育是"形成未来的主要因素"的见解，已为世界各国普遍接受。假如一个国家的教育处于匮乏状态，对国家的未来意味着什么？社会犯罪率高，人才资源匮乏，科技、经济落后或者发展缺乏后劲，国家无力接受各种挑战，在国际竞争中处于劣势等。所以，国家应从政治的高度上确保教育健康发展，国家依法治国，教育依法治教、依法治校。中小学校作为基础教育的最主要和最直接的执行机构，实行依法治校，是贯彻和执行国家政治方针的体现。

## 三、社会学及教育法学

有学者认为，人类社会生存有安全、效率、公平、自由、平等、正义等方面的目的。建设法治化的民主制度即法治社会能够最大限度地实现这些目的。在教育领域，实行依法治校正是人类社会的这种需求，因为依法治校所依之法——教育法律法规体现了社会的道义性。

教育法律法规的道义性主要是指在教育法规中所体现出来的善意性、人道性、公正性以及它对善意、人道和公正的维护。教育是一项造福人类的事业，作为规范教育活动及其运行的教育法律法规，必然有多方面的道义性表现。这也是我们确认依法治校为什么是管理学校的依据所在。教育法律法规的道义性决定了依法治校成了国家、教育行政部门、教育工作者在教育教学和管理过程的必然要求。教育法律法规具有的社会道义性主要有以下几个方面。

## （一）人道—正义性

人道—正义性是法律法规成为信任对象的主观价值基础。爱护人的生命、关心人的幸福、尊重人的权利和人格等不仅是道德的中心，而且是法律法规的精髓。法律的人的价值基础和人文主义精神赋予了法律的人道——正义性，即以人为核心，公正地平衡、调节着人与人之间的权利与义务关系、自由与秩序关系和个体与社会的关系。

教育法律法规在以下三个方面体现了它的人道—正义性。

一是通过教育法律法规，确认教育在国家和社会发展中的地位，确定了教育优先发展和保证经费投入。二是通过教育法律法规不仅明确规定了公民所享有的受教育的权利，而且规定了要为公民接受教育提供便利条件和帮助。特别是对家庭经济困难的青少年、残疾人和有违法犯罪行为的未成年人受教育的规定，更充分体现了教育法律法规的人道—正义性。三是教育法律法规对教育事业及教育者、受教育者的保护。

## （二）公平—合理性

公平—合理性是教育法律法规道义性的又一个重要体现。公平、合理是人类在发展的历史中形成和追求的社会理想。特别是到了现代社会，公平、合理作为精神文化，已日益广泛地深入到了社会主体的思想意识之中，成为主体评价社会一切的价值基础，进而也是评价法律法规的价值基础。法律法规如果没有公平—合理性做基础，或人们发现法律法规偏私、不合理，就会被人们拒绝甚至被人们反抗。法律法规必须公平、合理，法是善良和公正的艺术，对法律的这些要求，事实上是人们对公平、合理的期待。

教育法律法规作为教育领域的特殊规范，不仅具有使教育保持公平、合理的社会道德基础，而且其产生过程和规范内容也具有公平——合理性。就产生过程而言，教育法律法规都是经过长期酝酿研究和严格的法律程序、严格的行政程序而产生的。一方面，教育法律法规在其酝酿研究期间，总是对人们关于教育的看法、意见进行多方面的征询。因此，它具有广泛、充分的思想基础，能体现群众的根本意。教育法律法规正是在表现和反映群众意愿的同时，获得了内在公平、合理的价值精神，能够提出公平合理的规范要求。另一方面，当代教育法律法规虽然有广泛的群众基础，但它不是自发形成的，而是经过严格的法律程序、严格的行政程序得到专门认可的，在客观上能有力保证公平、合理的规范得到确认，避免不公平、不合理的因素，避免偏私和偏见。

### （三）公正—平等性

教育法律法规道义性的另一重要表现就是公正—平等性人类社会的复杂性使人类的教育总是面对着各种不同的教育对象。在封建专制的社会，教育对人缺乏平等性，只是少数人具有的一种政治特权。人类所产生的学校教育却不能公正地给人以平等地对待，使很多人没有受教育的权利。人类工业文明的进程不仅奠定了社会民主化发展的基础，也使人的平等性逐渐获得了制度上的保证。这其中，法律法规被赋予了保证社会公正、平等的功能。当代社会，教育法律法规也被赋予公正地保障人民平等受教育的追求。各国教育法普遍规定了教育机会平等原则，即入学机会平等、接受教育的条件均等、学习成功的机会均等等。

## 四、教育学及心理学

教育对个人生活的准备以及开发人性未来极为重要。人不仅要谋生存，而且要谋发展；不仅要生活，而且要追求优质的生活。要实现这种高于生存的目标，更离不开教育。现代心理学证明，大脑发育具有不可逆的特点，假如婴幼儿期营养不良尤其是缺乏教育，会给大脑发育带来严重的后果，不仅如此，还将影响人性、品格的发展。因此，儿童时期是心理成长、潜力开发和精神、智力发展的关键时期，这段时期教育的缺失便永远无法弥补。社会有义务向每个未成年人提供最低限度的正规教育，让他们掌握将来履行各种基本职责、参与社会生活所需的必要文化知识，并且在知识和智力上为将来正常生活和进一步受教育打下基础。《中华人民共和国义务教育法》的出台和实施，创造和保证了青少年儿童受教育的机会。

组成社会的个体都需要接受教育，特别是中小学基础教育，需求面是最广的，而且是必须的，中小学依法治校为这种需要提供了可能。国家通过制定一系列法律法规保证受教育这项基本权利的实现，通过完善中小学依法治校机制，继续加大教育法律法规的宣传力度，增强全社会依法治教意识，依法改善办学条件；依法严格控制中小学生辍学率，巩固和提高教育"两基"成果，保证和促进中小学基础教育的发展。

总之，中小学依法治校这一论题所涉及的学科是多方面的，上述的教育学、管理学、社会学、教育法学、心理学等学科都为它提供了理论依据。然而，我们探讨的问题离不开人的教育这一基本对象，不论哪一种学说都不能单独说明问题。

所以，中小学依法治校这一论题的理论依据应该是多学科的综合。

# 第三节　中小学依法治校的基本原则

长时间以来，我国教育者都很少关注学生的权利，学生权利长期得不到重视，积重难返。学生在学校几乎不被当作公民看待，这体现了社会和教育者法制意识的淡薄，也体现了教育理念的错位。我们提出依法治校，就是要在教育实践活动中以人为本。学生年纪虽小，但学生也是公民，同样拥有法律规定的各种合法权益。这种权益不会因为年龄偏小和能力偏弱而受到任何削减，更不会因为身在校园就要受到限制。他们同其他受教育者一样，都是国家的公民。

## 一、依法治校要坚持以人为本的原则

从哲学意义上讲，以人为本中的"本"，不是本体或本原，也不是本质或本性，而是指"根本"。以人为本，也就是说人是根本。以人为本的原则表现在依法治校中，就是要以学生为根本，以学生本性的发展为前提，尊重学生的权利，维护学生利益。比如，学校和教师教育管理学生要尊重学生的隐私权、知情权等权利；学校制定规章制度要尊重学生身心发展的规律；教师在教学过程中要尊重学生人格，不得体罚学生，等等。

以人为本是依法治校的理论基点和精神内核。它主要表现为两个方面：一方面，学生是学校教育的主体。学校教育的目的是促进学生自身的完善，实现学生的和谐发展。而依法治校的目的是维护学校教育教学活动秩序，保障学校教育教学活动的正常运行。所以，依法治校的终极目的还是促进学生的发展和完善。另一方面，学生是学校教育的关键。在学校教育和依法治校工作中，学生是最主要的决定性因素，没有学生，学校教育也就成了无本之木，依法治校也就无从开展。所以，学生是学校的根本，学校的一切活动都是为了促进学生更好地发展，都应该从学生的根本利益出发。但目前，我国义务教育阶段依法治校还存在着一定的缺陷，要实现真正的依法治校，就必须对依法治校、以人为本的理念进行深刻的认识和把握，坚持以人为本的原则，以明确前进的方向。

依法治校要坚持以人为本的原则，应做到以下几点：第一，坚持安全第一。坚持安全第一就是一切要以学生的安全为主，在确保学生安全的前提下开展活动。安全是个人生存、发展的起点，是人们追求更高意义上的幸福的依据，也是社会存在的基础，是人类所共同需要的一种社会性状。依法治校首先要重视保障学生的生命、人身、财产的安全。第二，树立以人为本的观念。树立以人为本的观念就是要树立为学生服务的思想，把学生放在中心，一切活动以学生的利益为出发点。第三，教育管理中体现以人为本的理念，就是要在教育管理中注意结合中小学学生发展的特点，体现人性化管理。第四，在制定各项规章制度，尊重学生的身心发展规律，规章制度中的规定要符合中小学生的生理和心理发展规律。

## 二、依法治校要坚持教育公平原则

公平是和谐文化的核心价值取向。开展依法治校的最终目标是构建和谐校园，促进人的发展。所以，依法治校中很重要的原则是坚持公平。这里的公平可以从两个方面来理解，一是法学意义上的公平，指教育法律法规的制定、执行及监督要坚持公平的原则；二是教育学意义上的公平，指国家办学及学校教育教学活动要坚持公平的原则。比如，义务教育要均衡发展、就近入学，教师对学生评价保持公平等。

依法治校坚持公平的原则，应从以下几个方面体现：第一，在教育法律法规的制定、执行和监督中要做到程序公平，平等地对待每一个主体；第二，合理配置教育资源，促进义务教育均衡发展，保障所有儿童平等的受教育权利，真正做到有教无类；第三，学校、教师对学生应一视同仁，不因学生的经济、家庭地位等因素而差别对待；第四，义务教育阶段不允许择校。

## 三、依法治校要坚持教育的公益性原则

教育市场化、教育产业化提出之后，教育的公益性受到了挑战，所以《中华人民共和国义务教育法》明确规定教育是公益性事业，依法治校要维护教育的公益性，教育的性质不能改变。

公益性的教育具有全局性、全体性、利益性、公平性和公共性等特性。义务教育的公益性，即义务教育的举办及其活动必须符合国家和社会的公共利益。公益性与公用性、慈善性是不同的，在义务教育法中，义务教育的公益性主要表现在以下几个方面。

第一，义务教育不得以营利为目的，如新《中华人民共和国义务教育法》规定，学校不得以向学生推销或者变相推销商品、服务等方式谋取利益。第二，义务教育必须贯彻国家的教育方针，禁止违反国家教育方针的思想和做法进入课堂影响学生，如利用宗教进行妨碍国家教育制度的活动。第三，义务教育必须推广全国通用的普通话和规范字。第四，义务教育权属于公权，不得作为私权使用，如任何行政机关都不得随意干预义务教育学校的正常教育教学秩序，或把其作为礼品赠送。

现在出现的房地产商与名校的联姻、名校举办分校等行为应该引起我们注意，这种做法有可能违背了教育的公益性。第五，任何学校不得利用学生进行商业性活动或把学生作为童工等。

　　义务教育的公益性表现很多，以上只是其中主要的几个方面。教育的公益性是指教育活动应当尊重社会全体成员的共同利益。我国教育具有公益性既是我国法律明确规定的，也是教育的基本属性决定的。教育公益性的内涵有五点：一是全局性，即教育事业是涉及全局性的事业。教育以培养人为己任，而每个人的活动都不可避免地对社会产生影响。因此，教育绝不是私人的活动，它通过对每个人产生影响而影响全社会。二是全体性，即所有公民都有受教育的权利。在现代社会，受教育已经是一个人生存、发展的必要条件。没有受过教育的公民难以融入现代社会，其个性、尊严和基本需求也得不到充分的发展和实现。三是利益性，即教育维系着国家、民族的根本利益，同时教育又是作为一种人人应该享有的利益，由国家提供给全体公民。从这一点来讲，它与营利性是相对的。以谋求社会公共利益为目的而设立的法人，有些法学家称之为公益法人。承担着独立办学责任的法人应该是公益法人。作为公益法人，必须以全局为重，不能坑害受教育者，不能坑害社会。四是公共性，即教育事业应该纳入社会共同承担、共同管理、共同监督的范围。如果把教育这样的公益性事业完全交给某个人或某个群体去负责，教育事业的公益性就会大打折扣。可以说，没有公共性，教育的公益性就得不到保障。五是公平性，即教育活动应该遵循公平原则。例如，在学校招生时，招生的标准应该是公平的，招生的程序应该对所有人都相同，任何违背公平原则的外加条件都不符合教育的公益性要求。

　　教育公益性的这些特性是相互联系的。只有全面理解这些特性，才能对教育的公益性有正确的认识。教育不是实现少数人利益的工具，教育体制改革的最终目的是为了维护教育的公益性，为了实现广大人民的根本利益。教育体制改革的具体措施必须有利于维护教育的公益性。如果我们口头上高喊维护教育的公益性，而在具体措施的制定上只考虑部分人的利益，那么维护教育的公益性就只能是一句空话。维护教育公益性是国家、社会、学校的共同责任，维护教育的公益性，应该做到以下几点：

　　第一，国家必须维护教育的公益性原则。首先，国家应该把发展教育事业作为自己的重要职责，保证教育投入。建立社会主义市场经济体制以后，我国改变了由国家包办教育经费的状况，鼓励和支持社会力量参与办学活动，这是完全必要的，但是不能由此而变依赖社会力量。作为公益性的教育事业主要应该由政府来办。财政再困难，也要把教育特别是义务教育办好。其次，国家应该做好宏观调控工作，保证教育事业的均衡发展。教育发展的不均衡严重地妨碍着教育公益性的实现。目前，在地区之间、城乡之间、学校之间、阶层之间，都存在教育资源配置不均衡和受教育机会不均等状况。例如，富裕省份与贫困省份之间，小学预算内生均事业费相差十余倍。对于这种不均衡发展的状况，国家必须不断采取措施进行调控，使之趋于均衡。最后，国家要扶持困难群众。困难群众的教育是关系到教育公益性能否实现的关键环节。国家要特别关注他们，提供适合他们的能力和需要的教育。只有当困难群众受到公平对待时，教育的公益性才可能最大化地实现。

第二，社会必须支持教育的公益性原则。国运兴衰，系于教育；教育振兴，全民有责。国家在办好教育事业的同时，要调动社会各方面的力量兴办和扶持教育事业，把落实教育优先发展的战略真正变成全民族、全社会的实际行动，为繁荣我国教育事业提供深厚的群众基础和社会合力。国家鼓励企业事业组织、社会团体、其他社会组织及公民个人依法兴办学校及其他教育机构，但社会的参与必须维护教育的公益性原则。其中一个重要的方面，就是不能以营利为目的投资教育。社会投资者如果想营利，就应该进入允许以营利为目的的行业。如果投资教育事业，就应该有不营利的动机或心理准备。国家在这方面有比较明确的规定，如《中华人民共和国民办教育促进法》规定，"民办学校收取的费用应当主要用于教育教学活动和改善办学条件"，还规定"教育用地不得用于其他用途"等。这些规定都鲜明地体现了教育公益性的要求，体现了教育不得以营利为目的的精神。

第三，学校必须贯彻教育的公益性原则。学校是国家批准设立的公益性机构，在其运行过程中必须贯彻公益性原则。从目前的情况来看，学校贯彻公益性原则应特别注意以下几方面：一是必须全面贯彻党和国家的教育方针，保证教育质量，致力于培养社会主义建设事业的各类人才。有些学校为追求升学率以不正当的理由剥夺了一部分学生参加升学考试的权利，有些学校取消了非考试科目的授课，有些学校歧视学习成绩较差的学生……这些做法置国家和社会的公共利益于不顾，与教育的公益性原则背道而驰。二是必须拒绝非公益性因素干扰，不允许任何宗教和封建迷信组织或个人对学生施加影响。三是不得以教育牟利。一些学校在招生中违规收取各种名目的费用，降低录取标准；有的地区为了提高升学率，在高考中有组织地作弊等。这些做法都严重违背了教育的公益性原则，破坏了教育教学秩序，必须坚决禁止。

学校教育是社会各方要求的汇聚点，如政府有关部门要求学校进行防止艾滋病教育、交通安全教育、禁毒教育、环保教育、网络教育、法制教育等。学校还要担负各种义务，如植树、扫雪、摘棉花、收割麦子、防汛救灾等。虽然这些教育和活动都很重要，但学校的经费、师资和精力是有限的，学生的承受能力也是有限的。《中华人民共和国教育法》和相关法规规定，学校承担的任务应当符合国家的教育方针，应当培养德、智、体、美等全面发展的社会主义建设者和接班人。国家在受教育者中进行爱国主义、集体主义、社会主义教育，进行理想、道德、纪律、法制、国防和民族团结的教育。法律的这些规定是确定学校承担公益性教育任务具体内容的依据。不能认为谁兴办了学校，谁就拥有了对学生的任意支配权。在这方面，政府和学校的某些领导迫切需要端正认识。对于要求学校停课承担的非公益性任务，学校必须断然拒绝。例如，要求在学校进行某种气功或特异功能的宣传，要求学校停课庆祝元宵节，要求学校教育学生记住区委书记、区长姓名，要求学生向小轿车敬礼，要求学生信奉某一宗教等，都是不符合教育公益性原则的，学校不能予以接受。

总之，坚持教育的公平性、公益性，做到以人为本是依法治校的基本要求和原则。具体来讲，依法治校还要求尊重教育自身发展规律，落实法律责任等。同经济社会的发展一样，教育本身也有自己特殊的规律，学校还是以教育教学为主，依法治校也是为了保证正常的教育教学活动秩序，所以，依法治校的开展也要尊重教育的规律，尤其是义务教育阶段学生身心发展的特点不同于其他阶段，如课程设置、课程内容的选择要符合学生的特点等。实行责任制，则使依法治校中各项责任落实到人，这是实现依法治校的保证。比如，学校实行校长负责制，落实政府的责任，规定工商、公安等政府各部门在依法治校中的责任。只要有责任，就要有追究，也要建立相应的责任追究制度。新《中华人民共和国义务教育法》中直接提到政府的责任大约有 70 处，强调了问责制，提出了"引咎辞职"的措施，还特别强调政府对义务教育的保障职责。

# 第四节　我国教育立法和依法治校的历史沿革

## 一、我国中小学校管理的历史沿革与现状

### （一）古代纪律约束和法制控制的教育管理思想

我国依法治教的管理思想在古代已有萌芽，墨家、法家学派的圣贤早已充分认识到规矩、制度约束的管理意义。

墨家学派在教育管理上奖惩分明，为强化纪律、严明组织，墨家制定了一些法规，其弟子必须严守，有违法者要受处治，遵守者则受称道。

法家重要的代表人物是商鞅和韩非，他们的政治管理思想与教育管理思想对中国古代封建统治者的统治政策及教育发展有深远的影响。为了推行"法治"，他们在坚持"废先王之教"、禁私学的同时，提出了"以法为教，以吏为师"的口号。商鞅在秦国变法时推行法治十分重视法治，宣传和教育管理。韩非的政治管理思想与教育管理思想继承了商鞅的衣钵。

明代建立后，朱元璋为加大统治力度，严定学规，采取严酷的教育管理制度。

### （二）清末教育立法和中小学校的管理

在我国，现代教育制度最初是作为西方文化的一部分从西方输入中国的。自1840年鸦片战争起，中国逐渐沦为半殖民地半封建社会，民族矛盾和阶级矛盾日益尖锐。在这种情况下，反抗外侮、追求富强成为中国最迫切需要解决的社会政治问题。作为封建社会支柱的封建教育制度和科举制度的弊端日益显现，并成为资产阶级新学冲击封建主义旧学的主要批判目标。改革封建教育体制和科举制度已成为不可阻挡的历史潮流。在强大的社会压力下，清政府被迫进行了"新教育"改革。1902年，管学大臣张百熙拟定了《钦定学堂章程》，从形式上看，是当时比较完备的具有学校系统的"新教育"制度，可以说是近代中国的第一教育法规，该章程分为六部分，与中小学教育直接有关的有《中学堂章程》《小学堂章程》，这一章程虽然正式颁布，却并未实施。1903年，张百熙、张之洞、荣庆等又奏拟了《奏定学堂章程》，该章程对学校系统、课程设置、学校管理等都做了具体的规定，并在全国正式颁布实施，成为我国近代第一个真正贯彻执行的学校体系。章程规定初等小学学制5年，高等小学学制4年等。

除上述教育法规，清政府于1905年设立学部以后，还制定了一些教育法规。学校制度方面有《女子小学堂章程》《增订各学堂管理通则》《简易识字学熟章程》《改良私塾章程》《小学经费暂行规程》等。

清朝政府的教育法规主要取法日本，很多不切合中国的实际情况，同时还留有不少旧教育痕迹和封建色彩，反映了清末统治者的意愿。但清末教育立法毕竟确立了现代教育制度在中国的地位，促进了现代学校的发展，为国民时期的学校教育管理奠定了基础。

### （三）近代的教育立法与中小学校管理

1912年1月，南京临时政府宣告成立，孙中山出任临时大总统，建立了以资产阶级为主的革命政府，任命蔡元培为教育部总长，开始对文化教育进行资产阶级性质的改革。

1912 年 1 月 9 日，教育部颁布了《普通教育暂行办法》，《办法》规定："凡各种教科书……清学部颁布之教科书，一律废止"；"小学读经科，一律废止"等。同时，教育部颁布了《普通教育暂行课程之标准》十一条，规定了小学、中学和师范学校的课程及教学时数，开始了课程改革。1912 年 7 月召开了临时政府成立后的第一次全国教育会议，即"临时教育会议"，以决定教育的基本方针，制定学校法令。1912 年 9 月颁布《学校系统法令》，也称"壬子学制"。以后，教育部又临时颁布了一系列学校法令及课程标准，与中小学有关的有《小学校令》《中学校令》《学校管理规程》《中学校令施行规程》《中学校课标准》等，对中小学校的目的任务、课程设置、学校设备、入学条件、教职员任用、经费管理、领导体制等做了具体规定。

1927 年，蒋介石在南京成立国民政府，并在教育方面实施党化教育，制定了《学校施行党化教育办法草案》《各级学校党义教师检定条例》。初等教育制定有《小学法》《学校规程》《实施义务教育暂行办法大纲》《小学暂行条例》《小学课程暂行标准》《修正小学课程标准》等法规；中等教育方面有《中学法》《中学规程》《中小学生毕业会考暂行规程》《中等学校教职员服务及待遇办法大纲》《中等学校行政组织补充办法》《县立中学校设置办法》等。

总的来说，1949 年以前的教育法规相对而言比较系统、完备和规范，并吸取了当时先进国家教育立法的某些经验，因而在改革封建主义旧教育，发展现代学校教育制度的历史进程中起到了某些进步的作用。但是从根本上说，法规是代表统治阶级利益的，因此这一时期的教育法规带有封建性和专制性的特点。这些教育法规虽然不惮其烦，但所反映的内容却十分空泛。有的法规变化不居，无法实施或根本不准备实施，成为一纸空文。

### （四）中华人民共和国成立以来的教育立法和中小学校管理

1949 年 9 月，在北京举行的中国人民政治协商会议制定并通过了中华人民共和国的建国纲领，即《中国人民政治协商会议共同纲领》。其中关于教育的条文为新中国的教育规定了基本的方向和政策。1950 年 12 月，政务院颁布了《关于处理接受美国津贴的文化教育救济机关及宗教的方针的决定》。1951 年 10 月，政务院颁布了《关于改革学制的决定》，1952 年 9 月颁布了《关于接办私立中、小学的指示》，还陆续颁布了中小学及其他各级学校的暂行规程。内容涉及中小学教育的改进与发展、课程改革、学校领导关系、师资的管理、培养与调配等各方面。法律有力地配合了解放初期的学制改革、旧学校的接管与接办等教育工作。

1958 年，国内开展教育革命，一定程度上突破了苏联教育经验的局限性，为教育的发展开拓了新的途径，但同时也出现了"左"的错误，必要的法规制度遭到破坏，出现了无政府主义状态。因此，从 1961 年起，对教育进行了调整、巩固、充实、提高，总结经验，制定条例，纠正实际工作中的失误。教育部按照中共中央的指示，于 1961 年草拟了一系列的法规。与中小学有有关的有《全日制中学暂行工作条例》（《中学五十条》）、《全日制小学暂行工作条例》（《小学四十条》），总结了新中国成立以来，特别是 1958 年教改以来的正反两方面经验，为中小学校的管理工作制定了明确的任务。1966—1976 年，已有的教育法规被破坏殆尽，学校管理停滞混乱，教育事业遭到摧残。直到 1976 年以后，政府有关部门才重新颁布了大、中、小学《工作条例》。

十一届三中全会以后，我国开始了各个方面建立和健全社会主义法制，颁布了一系列有关教育的法律法规。1986 年 4 月，第六届全国人民代表大会第四次会议通过了《中华人民共和国义务教育法》，它以基本法律的形式规定国家实施九年义务教育。1991 年 9 月 4 日，第七届全国人民代表大会常务委员会第二十一次会议通过《中华人民共和国未成年人保护法》，1993 年 10 月国家通过了《中华人民共和国教师法》，1995 年颁布了《中华人民共和国教育法》，以《中华人民共和国教育法》颁布为标志，我国教育法制建设全面步入正轨，教育工作从此走向依法治教的新时期。根据 2015 年 12 月 27 日第十二届全国人民代表大会常务委员会第十八次会议《关于修改〈中华人民共和国教育法〉的决定》第二次修正。

## 二、中小学依法治校是世界各国管理中小学的经验

依法治教、依法治校是一个国家对教育实施较为成熟的管理的标志，运用法律手段对教育行为进行规范始于 17 至 18 世纪欧洲的英、法等国，体现了当时的新兴资产阶级政权对教育的社会功能和作用的认可。自 19 世纪下半叶至 20 世纪初，许多欧美国家普遍开始了比较系统的教育法制建设工作。21 世纪是教育法制化的时代，尤其自第二次世界大战以来，世界各国都十分重视教育立法，使其法律体系不断完善，中小学校管理也走上了法制化的轨道。具体体现为以下几个方面特点。

### （一）大量立法，为中小学管理提供法律依据

学校管理依法而立，依法而治，依法而行，这已成为发达国家在中小学管理方面的一大特点，如英国的《初等教育法》（1870）、《初等教育法案》（1918）《巴特勒教育法》（1944）、《教育改革法》（1988）；日本的《教育基本法》和《学校教育法》（1947）、《学校教育法施行令》（1953）、《学校教育施行法则》（1974）；

美国的《国防教育法》，1958）、《初等与中等教育法》(《中小学教育法》( 1965 )；前联邦德国的《联邦共和国各州关于实行教育统一的协定》(《汉堡协定》，1955 )、《关于普通教育的改革和统一的总纲计划》( 1959 )、《联邦德国各州就教育领域中的统一问题签订的协定》( 1964 )、《联邦德国教育总计划》( 1973 )；法国的《郎之万——瓦隆教育改革方案》( 1947 )、《教育改革法令》( 1959 )、《法国学校体制现代化建议》( 1975 )等，此外还有诸多单项法。可见依法治教、依法治校是二战后发达国家教育管理的共同趋势。到了 20 世纪 70 年代，大多数发达国家基本完成了制定教育基本法的任务。

"不以规矩，不能成方圆"。一些新独立的发展中国家深知建立健全教育法令法规的重要性，因此注重教育法规的建设，如印度的《萨金特计划》( 1944 )、《德里小学教育法》( 1960 )、《科塔里委员会报告》( 1966 )；巴西的《教育方针与基础法》( 1961 )、《中等教育改革法》( 1971 )；墨西哥《联邦教育法》( 1973 )；阿根廷的《中华人民共和国教师法》( 1956 )；秘鲁的《教育改革总法》( 1972 )、《教育活动细则》( 1981 )；委内瑞拉的《国民教育法》( 1940 )、《国民教育组织法》( 1948 )；厄瓜多尔的《中等教育建制法》( 1946 )、《中华人民共和国教育法》( 1977 )；马来西亚的《教育法令》( 1957 )、《教育法令修正案》( 1961 )；印度尼西亚的第四号（ 1950 )、第五号学校教育基本法（ 1954 )等，这些法律法规为该国中小学管理提供了法律依据。有些国家对教育基本法的立法走在我国前面，值得我们去借鉴。

### （二）依法规定了中小学教育经费的来源

教育经费是中小学教育得以生存和发展的重要条件，中小学管理工作的一项任务就是筹措、分配、使用和审计教育经费。

从发达国家的情况看，法律规定义务教育阶段的经费主要由国家财政支付，主要取自教育特别税，整个中小学教育经费主要靠普通税来支付，一般由地方负担，私立学校的经费主要由学校自筹，政府提供一定的补助。目前，各发达国家在提供教育经费的方式上是多元化的，有些国家采取国家独立调节模式。总的来说，教育行政机构采取政策调控和经费调控间接干预学校经费管理，给予中小学更多的经费使用权。

从发展中国家的情况看，多数国家也实施义务教育，有些国家实施完全的免费教育，如尼日利亚等国。拉美国家的中小学教育经费主要来源于政府的预算拨款。为此，许多拉美国家颁布法令，明确规定教育经费不得低于政府预算总额的10%，规定中央和地方的当局必须从税收中提取一定份额用于教育投资。有的国家用于普及初等义务教育的经费约占教育经费总支出的 30%～50%。在东亚、南亚，国家也是中小学教育经费的主要投资者，如泰国、菲律宾、新加坡、韩国等国政府的教育经费拨款额均超过联合国教科文组织规定 15% 的标准。

### （三）依法对教育行政与学校管理的制衡关系做了规定

在发达国家，教育行政与学校管理的制衡关系，首先体现在学校的自主权方面，如法国等集权制国家，学校的自主权与决策权较小，校长多扮演执行教育行政部门指令的工具的角色，教师与学生更没有参与学校管理的权利。而在美国、德国、瑞士、荷兰、加拿大等分权制国家，按教育法律规定，中小学校拥有较多的自主权，师生有权参与学校管理。在中央和地方合作制国家里，如英国、日本、丹麦等，学校和教育行政部门形成伙伴关系，学校有权拒绝教育行政部门的意见并诉讼于法院。其次，体现在在校长权力方面，在法国等集权制国家，学校校长总揽大权；在美、英、日等分权制或合作制国家，学校实施民主化管理。再次，体现在教育行政与督导、审议机构关系方面，在德国、法国等教育行政凌驾于督导和审议之上的国家，校长及其所属行政机构控制学校管理，民主管理成分很弱；而英、美、日等国，校长及其所属行政机构的权利受到督导、审议机构的制衡，受到法律的制约。最后，体现在在法国等集权制国家，教育行政与学校管理自成系统，依靠政府与社会保持微弱的、松散的间接联系，社会力量及家长不得直接干预学校管理；但英、美、日等分权制或合作制国家，社会力量和学生家长直接参与学校管理，并形成制度。这些区别都是在不同的政治经济基础、历史传统和民族心理形成的不同的法律制度规定下形成的。

综合发展中国家的教育法律规定，从其教育管理状况来看，一般状态表现是教育行政大于监督和审议权，而且教育行政的职权大于学校管理，中央教育行政又大于地方教育行政，尤以社会主义国家为最，有些国家承袭原宗主国的教育管理模式，实行地方分权制或合作制，学校管理的自主权较大。

### （四）依法规定学校管理制度

从普通基础教育的发展情况来看，到了 20 世纪 70 年代，大多数发达国家基本完成了制定教育基本法的任务，主要发达国家已基本上完成了普及中等教育的任务，中小学管理制度历经变革且基本已定型。

目前，初等教育早已是发达国家普及义务教育的覆盖范围。由于中等教育机会的扩大，甚至是普及，各发达国家已经取消小学升初中的考试，教育功能转化为实施基础教育和素质教育，中小学教学管理也实施改革。具体措施有：（1）减少班级人数，如美国许多州的教育法规定，公立小学班级定额每班不得超过 27 人。日本则计划"40 人班级"。（2）试行无学年制和非正规小学，如美国许多小学试行无学年制，班级编制以学生所具有的能力及学生的适应能力为依据，打破传统的按年龄固定编班的模式，学生可根据自己的各科成绩在不同年级学习。法国小学也有类似的举措，英国则采用"非正规学校"的方式。（3）革新成绩评定标准。一是取消小学升初中考试，二是取消绝对的分数排队，实行综合评价或鉴定评价，或将相对评价与综合评价结合起来，美、德、法等国均有此倾向。

各发达国家的中等教育制度差异较大，英、美等国的结构较为复杂，而日、法、德则较为简单。学分制高中具有西方综合中学的特点，而且设有"中间学校"，介于初等教育和中等教育之间，兼有普通教育和职业教育的任务。

### （五）依法规定学校管理机构

发达国家中小学校管理制度的一大共同特点是将校长负责制与民主管理相结合。采用这种体制体现了科学化管理的思想，避免个人专断与无人负责的弊端。因而，在法律明文规定校长负责制、确立校长为首的行政等级体制的同时，要设立各种决策审议和准立法机构来制约和平衡学校行政权力，以提高学校的教育教学质量，提高管理功效和效益。学校内部各种机构的设置及职能因各国教育管理体制的不同及其他因素影响而表现不同。

从行政系列看，各发达国家的教育基本法或单项法明确规定，中小学设置校长负责学校的教学及行政工作，规模较大的学校设置若干名副校长协助校长分管教学、后勤及生产教学和生活职业指导的工作；其下再设年级主任、班主任、干事等职。各部门分别负责学校的日常事务。

从决策系列看，各发达国家教育法或单项法也明文规定，如英国《教育改革法》规定，学校设立由公民代表、宗教代表、家长代表、教师代表等组成的董事会，由董事会作为管理学校的决策者，讨论学校每学期的工作计划、教师聘用及福利等问题，在法定的范围内处理学校重大事宜或参与决策，但一般不直接干预学校的日常事务和课程设置及教材选定等。法国学校理事会由教师、教育行政人员、学生、家长及当地知名人士各 5 名代表组成，校长任主席。学校理事会的职责有：通过学校预算和学校内部规章制度；根据现行的教育法律和规章，协商解决学校的一切问题；讨论学校的教学安排及其他内部事宜；批准学校的教学计划和品德教育计划。德国在《学校法》对教师的法律地位、学生基本权利、学校组织行政以及教学、学术自由等进行法律规定，并形成了相应的学校管理制度。例如，在联邦德国的普通教育系统中，实施中等教育的学校有三种类型，即主要学校、实科学校和完全中学。在中等学校管理机构上，中学的管理机构比初级学校复杂，有学校会议——教职员会、班级会议等基层组织机构负责学校教育教学管理。20世纪70年代以后，德国中学实行校长负责制，学校配设两名校长助理和一个有教学经验的教师，组成校务委员会。

此外，发达国家中小学管理机构还有诸如咨询和辅助机构、家长委员会、教职工会议、学术委员会、班级委员会等，这些机构均可在法定的范围内行使管理学校的权利。

发展中国家的学校管理制度呈多元化发展趋势，其法定机构设置也不尽相同，但也存在某些共同之处，如很多发展中国家的学校都设有校长及其僚属机构、学校理事会、教师委员会、党团队组织（社会主义国家及前东欧社会主义国家）、家长委员会、学生会、社会参与机构等。

**（六）依法规定学校校长的任用、职权和培训以及学校班级管理工作**

（1）依法规定中小学校长任职资格。发达国家中小学校长资格任命中具有以下若干特点：①必须具有教师资格，并且是优秀教师，实行内行管理；②必须具有一定的教龄，要求熟悉学校教育教学和管理工作；③必须具有一定的学历，一般要求高等教育学历；④要求具有一定的领导和组织才能，必须接受管理专业的培训，任职后还有定期进修和提高。

（2）依法规定中小学校长任职程序。发达国家中小学任用主要有三种模式：上级教育行政机构任命、基层学区任命和学校内部选举。

（3）依法规定中小学校长的职责与履行方式。例如，日本《学校教育法》第28条原则上规定了校长重要职责和履行方式；英国的《教育改革法》规定了校长具有很高的地位，且职责最大，拥有包括学校管理的全面权利与职责；美国中学校长的职责最为广泛，大致有11项；德国中小学校长的职权较小，主要有2项。总的看来，各发达国家坚持校长负责制，校长是学校的中心人物，对外代表学校，对内负责学校的日常工作。但因各国教育行政体制和学校内部管理机制等因素的影响，中小学校长的职权有大有小。

（4）依法规定中小学校长的培训。重视对校长的培训是发达国家的共识，其措施包括依法确立培训制度、建立培训机构、开设培训课程等。在课程设置上形成四种模式，其中有以法、德两国为代表的以教育管理法规为主的课程模式。

（5）依法规定学校班级管理工作。班级管理是学校的基础部分，因为班级是中小学教育的最基层单位，它在几位教师的持续指导下进行学习的学生集体，也是教育教学的集体。从各国的教育基本法和学校教育单项法分析，发达国家班级的基本工作任务主要有以下三项：①维护正常的教育教学秩序。检查和保证学生的出勤，防止学生旷课、逃学；维护校纪校规和课堂秩序，并有具体而详细的规则作为参照体系。②对学生进行教育，包括人及人性教育、道德品质教育及公民的社会政治教育。③指导学生发展，包括教育咨询指导、职业咨询指导和个人生活咨询指导。

（6）依法对学校管理进行评价。各国依法颁布中小学评价标准作为评价中小学管理活动的依据。例如，日本的《初中与高中学校评价的标准和指导》（实行方案，1951），1965 年东京都教育委员会制定的小学评价标准达 7 项，而中学评价标准达 9 项，内容比较全面；美国教育部 1982—1983 学年的中学评价标准达 14 项，1985—1986 学年美国联邦教育部根据教育领域研究成果，制定了 8 项具体的选评标准。虽然各国评价学校的标准不一，但也有某些共同特点，如对学校的评价是全面的，既包括对学校领导的评价，也包括对教师和学生的评价；既包括对学校管理的评价，也包括对学校经营的评价；既包括教育教学评价，也包括政治思想和卫生健康教育评价；既有学校内部管理评价，也有学校与外部社会联系的评价，只是各国的侧重点有所不同。

# 第二章　中小学依法治校的法律基础

## 第一节　教育法律法规的基本知识

### 一、教育法规的渊源

所谓的"法"是指学校管理的法律渊源，有广义和狭义两种理解。广义的"法"既包括专门的教育法律、法规和规章，如《中华人民共和国教育法》《中华人民共和国教师法》《中华人民共和国义务教育法》等，又包括以下几方面：其一，宪法中与学校教育相关的内容，如公民有受教育的权利；其二，其他与学校教育相关的法律、法规和规章及规范性文件，如《中华人民共和国未成年人保护法》《预防未成年人犯罪法》《道路交通安全法》《残疾人保障法》等；其三，涉及学校教育的民法、刑法、行政法等多种法律法规，如校园伤害事故、学校乱收费行为等。狭义的"法"，主要是指有关学校教育方面的法律、法规和规章。依据宪法，我国教育法规的具体表现形式主要包括以下八种。

### （一）宪法

宪法是国家的根本大法，是由国家最高权力机关全国人民代表大会按照最严格的立法程序制定的，具有最高的法律地位和法律效力，是制定其他一切法的法源，也是教育法律制定和实施的基本依据。宪法作为教育法的法源，有关教育的主要内容有基本原则、根本制度、教育教学活动的基本规范、基本权利、特殊群体的教育保护、教育与宗教相分离、教育事业的发展建设等。

## （二）法律

法律有广义和狭义之分，广义的法律与法同义，是指各种法律规范的总和。狭义的法律是指由最高国家权力机关及其常设机关，即全国人民代表大会和全国人民代表大会常务委员会，按照立法程序制定的规范性文件。法律的地位和效力仅次于宪法。

法律一般分为基本法律和基本法律以外的法律两种。基本法律由全国人民代表大会制定和发布，规定和调整的是某一方面社会关系的根本性、普遍性的问题，如《中华人民共和国教育法》《中华人民共和国义务教育法》；基本法律以外的法律由全国人民代表大会常务委员会制定，调整的是某一方面社会关系的内容，是比较具体的问题，如《中华人民共和国学位条例》《中华人民共和国教师法》《中华人民共和国职业教育法》《中华人民共和国民办教育促进法》。此外，《中华人民共和国民法通则》《中华人民共和国刑法》等也是制定和实施教育法律法规的主要依据。在实际中发生的学校与学生、教师与学生以及学校与教师之间的一些法律纠纷都属于民事纠纷，在法庭上法官判决的主要依据是《中华人民共和国民法通则》《中华人民共和国刑法》。例如，家长诉学生上体育课受伤案，小学生在教室地板上滑倒摔伤案等，这些都属于民事法律纠纷的范围，都需要用《中华人民共和国民法通则》来调节。

## （三）行政法规

全国性行政法规是指国家最高行政机关，即国务院制定和颁布的有关国家行政管理活动的各种规范性文件。全国性行政法规一般采用条例、办法、规则、规章、指示、决定、通知等名称。国务院在教育方面所制定、发布的行政法规决定和命令等规范性文件对在全国范围内执行宪法中的教育条款和教育法律具有重要意义。

中华人民共和国成立以来，国务院先后制定了许多教育行政法规，如《政务院关于改革学制的决定》（1951年）、《中华人民共和国残疾人教育条例》（1994年）、《中华人民共和国教师资格条例》（1995年）、《禁止使用童工规定》（2002年）、《中华人民共和国民办教育促进法实施条例》（2004年）等。

全国性行政法规还包括国务院所属各部、各委员会发布的命令、指示和规章等。这类法规的效力低于国务院的行政法规、决定和命令等，其内容不得与宪法、法律以及国务院的行政法规相抵触，如教育部颁布的《幼儿园工作规程》（1996年）、《学生伤害事故处理办法》（2002年）等。

这些法规的内容涉及教育方针、培养目标、学校教育制度、各级各类学校办学规章，以及教育行政、人事、经费、基建、物资管理等领域。它们是我国各种教育事业开展工作的基本依据。这类法规数量多、内容广，适用情况亦非常复杂。

### （四）地方性法规

地方性法规是指省、自治区、直辖市以及省、自治区的人民政府所在地的市和较大的市（经济特区所在地的市和经国务院批准的较大的市）的人民代表大会及其常务委员会依据法定权限制定的规范性文件。例如，《上海市终身教育条例》《重庆市学生申诉办法》等。地方性法规只在本地区有效。

### （五）自治条例和单行条例

自治条例和单行条例是指民族自治地方的人民代表大会及其常务委员会依据法定权限制定的适用于本区域的规范性文件。

### （六）规章

规章包含两个层面：其一，部门规章。部门规章是指国务院所属各部、委及具有行政管理职能的直属机构依据法定权限制定的规范性文件。部门规章的效力低于国务院的行政法规，但其涉及的范围更为广泛，是教育法不可缺少的渊源。其二，政府规章。政府规章指省、自治区、直辖市和较大的市的人民政府依据法定权限制定的规范性文件。

### （七）国际条例

国际条约是指两个或两个以上国家关于相互间权利和义务的各种协议。随着我国改革开放政策的实行，我国同世界各国的国际交往日益频繁，同其他国家签订的条约或加入已经签订的国际条约日益增多。

我国签订和加入的条约生效后，对于国内的各种国家机关、公职人员和公民也有约束力，具有法律效力。因此，这种条约虽不属于我国国内法的范畴，但就其有约束力这一意义而言，它也是我国法律的一种形式。

在教育方面最重要的国际条约是 1951 年签订的《联合国教科文组织宪章》。联合国教科文组织是联合国的专门机构之一，1946 年 11 月成立。其宗旨是从教育、科学、文化方面推动各国的合作，以促进对正义、法制及《联合国教科文组织宪章》所确认的全人类不分种族、性别、语言或宗教均享有人权与基本自由的普遍尊重，以期对和平与安全做出贡献。到 1980 年 4 月，该组织共有 146 个成员国。

中国是联合国教科文组织的创始国之一。1971年10月，该组织执行局第八十八届会议通过决议，承认中华人民共和国是中国唯一合法的代表，从1972年该组织的第十七届大会起，我国正式参加其活动。此外，我国还签订了其他一些国际性条约，其中比较重要的有《儿童权利公约》《联合国少年司法最低限度标准规则（北京规则）》等。

### （八）其他规范性文件

在我国存在中共中央与国务院联合发布决议的情况，这是对中共中央的决议直接赋予法律性质的一种做法。这种决议也是法的形式。在特殊情况下，党中央制定和颁布的一些条例、决议和决定等具有法律性质，也是教育法的一种形式。例如，中共中央、国务院联合发布的《中国教育改革和发展纲要》等。从发展来看，这种形式将逐渐减少，并且主要体现为政策性。

对法律起辅助作用的还有各种专业组织的标准，这些组织在学术方面有着重要作用，相当于学术界的"法院"。有些法律无法干涉的问题，学术专业组织负责处理。因此，学术专业组织的标准被看作教师权利和义务的来源，也具有法律效力。不过，其他职权机关的法规和各专业组织的标准对立法机关的法律起辅助作用，只能在立法机关的法律的基础上制定，并随着法律的改变而改变。

各个学校为了完成任务制定的规章制度不是教育法的形式。这些规章制度必须符合宪法和法律、法规的原则，在不违背宪法、法律、法规的情况下，各个学校的规章制度可以看作法的补充和具体化。

各个学校的有关人员应遵守这些规章制度，学校可以在权限范围内通过行政制裁手段强制实施。例如，法律授权的警告、记过、记大过、降级、降职、撤职、留用察看、开除等行政处分手段或扣发奖金等经济处罚手段。

## 二、教育法律、法规的基本原则

为了实现党和国家的要求，中小学领导和教师应以正确的办学思想为指导，切实抓好教育教学工作，提高学生的素质。有少数学校领导和教师虽然在口头上会背诵党和国家的教育原则，但实际上不能认真贯彻执行。他们为了片面追求升学率，采取违背教育规律、违背教育法规的做法，其结果是抓了少数人，耽误一大片。这种办学思想是错误的，应当引起广大学校领导和教师的注意。

教育法的基本原则是全部教育法所应遵循的基本要求和价值准则，是制定和执行教育法的出发点和归宿。要想贯彻国家的教育方针，坚持法治方向，必须深刻理解教育法的基本原则，并依此审视自己的教育活动是否符合这些原则。具体来说，教育法遵循以下四个基本原则。

### （一）方向性原则

教育法的方向性原则是指教育工作必须坚持社会主义方向。其主要依据是《中华人民共和国教育法》第三条中的有关规定："国家坚持以马克思列宁主义、毛泽东思想和建设有中国特色社会主义理论为指导，遵循宪法确定的基本原则，发展社会主义的教育事业。"

### （二）公共性原则

教育法的公共性原则是指我国的教育活动必须符合国家和社会公共利益，也可以说是教育法的公益性原则。其主要依据是《中华人民共和国教育法》第8条中的有关规定："教育活动必须符合国家和社会公共利益。"

教育法的公共性原则具体体现在三个方面：① 不得以营利为目的；② 与宗教相分离；③ 推广使用汉语和普通话。

在社会主义国家，唯物主义世界观占据了主导地位。但是，宗教观念的影响依然存在。虽然我们希望人们尽快摆脱宗教影响，但是不能采取行政的或法律的强制手段。一方面，教育必须坚持马克思主义，坚持辩证唯物主义，坚决反对宗教，任何人不得利用宗教进行妨碍国家教育制度的活动。另一方面，我国公民有宗教信仰自由。在教育工作中，不能强制学生或教师信仰宗教或者不信仰宗教，每个人在法律上是完全平等的、自由的。

### （三）平等性原则

教育法的平等性原则是指人们在教育活动中处于同等地位，享有相同的权利和义务，在违反法律时应当同等地承担责任。《中华人民共和国教育法》第9条规定："中华人民共和国公民有受教育的权利和义务。公民不分民族、种族、性别、职业、财产状况、宗教信仰等，依法享有平等的受教育机会。"

教育法的平等性原则具体体现在以下两个方面：其一，受教育机会平等。受教育机会平等原则一般包括受教育起点上的平等、受教育过程上的平等和受教育结果上的平等三个层面。其二，扶持特殊地区和人群。受教育机会平等在实践中的体现并不是绝对的，而是相对的。这种相对性具体表现在扶持弱势群体等方面，如保证女童、流动人口子女、有违法犯罪行为的未成年人享有平等的受教育权等。

近几年，随着城乡流动人口数量的增加，流动人口的子女受教育问题也频繁见诸报端，日益成为社会关注的热点。例如，农民工子女接受教育收取借读费问题；随着人们对子女教育重视程度的提高，在某些发达地区出现的交费择校问题；等等。这些都是违反教育法的平等性原则的。

### （四）终身性原则

教育法的终身性原则是指保障人们在人生的任何阶段都能够接受教育，都有机会接受教育。随着学习性社会的到来，各种教育机构都在为人们的终身学习创造条件，如老年大学、电大、自学考试、继续教育学院等。有关终身性原则在《中华人民共和国教育法》第11条第1款、第19条第3款和第41条中都有所体现。

## 三、教育法律规范与教育法规的关系

法律规范是一种特殊的社会规律，即由法所确定的人们的行为规范。它是统治阶级从自己的利益出发，通过国家制定或认可，并以国家强制力保证其实施的人们的行为规则。法律规范是法的微观结构层次，是构成法的细胞。全部法律规范总和构成法的有机整体。

教育法律规范是由法所确定的人们从事教育活动的准则和标准，是构成我国教育法的最基本的细胞。教育法律规范具有一般法律规范的特征，即具有规范性、概括性、权威性和预测性。规范性是指它为人们的行为提供了一个模式、标准和方向；概括性是指法律规范是一种抽象的、概括的规定，即它的对象是一般的人而不是特定的人，可以反复适用而不是仅适用一次；权威性是指它由国家制定或认可并由国家保障实施，是"国家意志"的表现形式，具有普遍遵守的效力；预测性是指它可以使人们预测到自己或他人的行为是否合法，会产生什么法律后果。

同其他法律规范一样，教育法律规范从其逻辑结构上包含三个部分，即条件、规则、后果（也可表述为条件、处理和制裁）。条件是指法律规范中指出的适用该规范的条件或情况。说明在什么时间、地点和条件下，该法律规范才能适用。法定条件不一定将所有情况下都明确写出来，有时可能暗含在法律规范中。例如，《中华人民共和国义务教育法》第11条规定："凡年满六周岁的儿童，其父母或者其他法定监护人应当送其入学接受并完成义务教育。"这里的"年满六周岁"即是行为条件。规则即法律规范中所规定的行为规则本身。它指明了人们必须做什么、禁止做什么和可以做什么，是法律规范的核心部分。例如，《中华人民共和国义务教育法》第11条规定："父母或者其他监护人应当送其入学并完成义务教育。"这里的"送其入学"即是规则。后果是指法律规范中规定人们在做出符合或违反法律规范的行为时应承担什么法律后果的部分。法律规范的后果，一般有两类：一类是肯定式的后果，另一类是否定式的后果。例如，《中华人民共和国义务教育法》规定年满六周岁的儿童必须入学接受义务教育。如果家长没有做到这一点，那么他可能会承担一定的后果，即受到处罚。

上述三个要素是密切联系，缺一不可的，是任何法律规范都必须具备的。法律规范是以法律条文的形式表现出来的（法律条文即法律规范的文字表述形式），但不能把法律规范同法律条文等同起来。一个法律规范的三个要素可能分散在几条法律条文甚至几个法律文件中；一条法律条文可能包含着几个法律规范的要素。研究法律规范的结构对加强教育立法、执法和守法都有重要意义。

教育法律规范同一般的法律规范一样，按不同的标准可以分为不同的类别。对教育法律规范进行分类有助于对教育法的理解，有助于对教育法的遵守和执行。尽管法律规范都是由三要素构成的，但其适用范围、程度和强度毕竟是有区别的，对此进行分类可以帮助我们搞清这些区别。

### （一）按法律本身的性质划分

（1）禁止性规范。禁止是指规定不得采取某种行为的法律规范。这种规范在法律条文中往往使用"禁止""不得"等字样。例如，《中华人民共和国教育法》第8条第2款规定："任何组织和个人不得利用宗教进行妨碍国家教育制度的活动。"又如，《中华人民共和国宪法》第36条规定："任何人不得利用宗教进行妨碍国家教育制度的活动。"第51条规定："中华人民共和国公民在行使自由和权利的时候，不得损害国家的、社会的、集体的利益和其他公民的合法的自由和权利。"

（2）义务性规范。义务性规范是指规定必须采取某种行为的法律规范。这种规范在法律条文中往往使用"必须""应当""义务"等字样。例如，《中华人民共和国教育法》第23条规定："各级人民政府、基层群众性自治组织和企业事业组织应当采取各种措施，开展扫除文盲的教育工作。"又如，《中华人民共和国宪法》第46条规定："中华人民共和国公民有受教育的权利和义务。"第53条规定："中华人民共和国公民必须遵守宪法和法律。"

（3）授权性规范。授权性规范是指授权公民或国家机关有权采取某种行为的法律规范。公民是否行使法律所授予的权利由自己决定。这种规范既不要求人们做出某种行为，又不禁止人们做出某种行为，而是授权人们可以做出某种行为，或要求他人做出或不做出某种行为。它在法律条文中往往使用"可以""得"等字样。例如，《中华人民共和国教育法》第46条规定："企业事业组织、社会团体及其他社会组织和个人，可以通过适当形式，支持学校的建设，参与学校管理。"又如，《中华人民共和国宪法》规定："中华人民共和国公民有受教育的权利。"这项权利在义务教育阶段既是权利又是义务。但是，对高等教育来说，个人报考或不报考高等院校只是一项权利。在符合报考条件时，如果他想报考，那么他就有这个权利，任何人不得禁止他行使这一权利。如果他不想报考，那也是允许的，因为高等教育不是义务教育阶段，不能强迫公民接受高等教育。法律授予国家机关的权力同授予公民的权利有所不同。国家机关一般指国家行政机关以及审判机关、检察机关，它们由人民代表大会产生，对它负责，受它监督。从这个意义上来理解，国家机关是人民代表大会的派出机构，是为了国家和人民的利益来行使职权的。因此，国家机关对法律授予的权力不能像个人对待法律授予的权利那样，愿意行使就行使，不愿行使就不行使。法律授予国家机关的权力一般称为职权，既是国家机关的权力，又是国家机关的义务，国家机关必须行使。例如，《中华人民共和国宪法》第 89 条规定："国务院行使下列职权……（七）领导和管理教育……"这是一条授权性规范，授予国务院领导和管理教育的权力。我们可以推知，领导和管理教育既是国务院的权力，又是它的义务。如果它可以不行使领导和管理教育的权力，那么教育事业的状况就可想而知了。在个别情况下，国家机关对所授予的权力可以不行使。例如《中华人民共和国宪法》第 89 条规定："国务院行使下列职权……（十六）依照法律规定决定省、自治区、直辖市的范围内部分地区进入紧急状态……"对于这项权力，国务院可以行使，也可以不行使。因此，对授予国家机关权力的法律规范的性质应做具体分析，这对教育行政机关执行教育法有着重要意义。

### （二）按法律规范的确定性程度划分

（1）确定性规范。确定性规范也称详尽无遗的规范，指权利、义务规定得具体、明确、肯定，人们必须按规定遵守执行。也就是说，法律条文中所列举的项目就是全部，不能再增添，也不能减少。例如，《中华人民共和国宪法》第 37 条规定："任何公民，非经人民检察院批准或者决定或者由人民法院决定，并由公安机关执行，不受逮捕。"这就是确定性规范，行使逮捕权的只能是公安机关，并且必须得到人民检察院批准或者决定或者人民法院决定，其他组织或个人绝不可以逮捕任何公民，只能扭送公安机关。又如，《中华人民共和国宪法》第 5 条规定："任何组织或者个人都不得有超越宪法和法律的特权。"这也是一项确定性规范，这里不能把任何一个组织或者个人排除在外。

（2）外延性规范。外延性规范也称非详尽无遗的规范，是指法律所列的项目并非全部，执行法律的部门可以在执行中增加与原来所列举的项目极为类似的项目，也就是说可以类推适用。一般来说，关于学生行为的规定是外延性规范。因为任何立法机关和国家行政机关以及学校都不可能预见到有害于学校秩序的学生的所有行为。因为无法在法律规范中把这些行为全部列举出来，无法制定确定性规范，所以需要在法律中有一些外延性规范。例如，《中华人民共和国宪法》第46条规定："国家培养青年、少年、儿童在品德、智力、体质等方面全面发展。"这就是处延性规范。该法律规范所列举的"品德、智力、体质"并不是详尽无遗的全部项目，并不禁止再增添类似项目，该法律规范中的"等"字表明了这一点。正因如此，执行部门在执行时可再增加类似项目，如有的学校提出"德、智、体、美"全面发展也是符合宪法精神的。

（3）委任性规范。委任性规范指没有在该规范中直接规定规则的内容，而是规定（授权、委托）某些专门机关可以制定该项规则的内容。例如，《中华人民共和国宪法》第119条规定："民族自治地方的自治机关自主地管理本地方的教育事业。"这就是一项委任性规范，因为这里的"自主管理"必须"依照宪法、民族区域自治法和其他法律规定的权限行使自主权"，是"根据本地实际情况贯彻执行国家的法律、政策"（《中华人民共和国宪法》第115条），民族自治地方的自治机关可以按照委任制定有关教育的条例和规定。

（4）准用性规范。准用性规范是指没有直接规定行为规则的内容或制裁尺度，而准许援引其他有关法律条文、规定来适用的法律规范。例如，《中华人民共和国宪法》第115规定："自治区、自治州、自治县的自治机关行使宪法第三章第五节规定的地方国家机关的职权。"这就是准用性规范，就是准许按宪法第三章第五节来适用。该第三章第五节是关于"地方各级人民代表大会和地方各级人民政府"的规定，民族自治地方的自治机关行使该节所规定的职权。教育法中的制裁部分很多都采用准用性规范。

### （三）按法律规范所表现的强制性质划分

（1）强行规范。强行规范也称强制性规范，是指法律规定的内容必须严格遵照执行，不允许人们以任何方式加以变更和违犯，不允许有误差。例如，《中华人民共和国刑法》第17条规定："已满十六周岁的人犯罪，应当负刑事责任。已满十四周岁不满十六周岁的人，犯故意杀人、故意伤害致人重伤或者死亡、强奸、抢劫、贩卖毒品、放火、爆炸、投毒罪的，应当负刑事责任。已满十四周岁不满十八周岁的人犯罪，应当从轻或者减轻处罚。"这里所规定的年龄限制都是强行规范，必须严格遵照执行。

（2）指导规范。指导规范是指法律条文中的内容可以不严格遵守，不是说可以不遵守，而是说在实质上遵守的情况下允许有一定误差。但是，误差不能影响行为的结果，亦不能违反立法目的或政策。例如，入学年龄的规定一般是指导性的。如果法律规定六周岁入学，那么各地方可根据学生来源等情况在一定范围内降低入学年龄，可以招收五岁半或五岁儿童入学。在特殊情况下也可以提高入学年龄，假如学生家庭离学校太远，又没有方便的交通工具，学生的入学年龄也可延至六岁半或七岁，以方便学生步行到校。

（3）任意规范。任意规范是指人们在具体的法律关系中有权自行确定本身的权利和义务的内容，法律本身不做硬性规定。例如，《中华人民共和国合同法》规定："合同当事人的法律地位平等，一方不得将自己的意志强加给另一方。当事人依法享有自愿订立合同的权利，任何单位和个人不得非法干预。当事人应当遵循公平原则确定各方的权利和义务。"这一法律规范表明，合同双方在遵守国家法律、符合国家政策和计划要求的情况下，有权自行确定其本身的权利和义务。现在实行的教师聘任制的规定有许多是任意规范。

# 第二节　教育法规与教育行为规范

## 一、教育法规与教育政策

教育法规与教育政策是国家管理教育的重要形式，也是国家制定和贯彻教育方针、实现教育目的的两个重要手段。正确认识教育法规和教育政策的内涵，加深对教育法规与教育政策关系的认识，对正确制定教育法规和教育政策具有重要意义。

### （一）教育法规的内涵

教育法规作为国家法律体系的重要组成部分，既是一个国家教育规范的重要表现形式，又是一个国家统治阶级教育意志的集中体现。有学者认为，教育法规有广义和狭义之分。从广义上理解，教育法规与教育法律的含义是相通的，都是指以国家政治权力为保障强制执行的教育行为规则的总和。从狭义上理解，教育法律主要是指由国家权力机关（或称立法机关）制定或者认可的关于教育的规范性文件；教育法规是一个泛指概念，既包括国家权力机关制定的教育法律，又包括国家行政机关制定的教育行政法规和规章，还包括地方权力机关和地方行政机关制定的地方教育法规和规章。

本书认为，教育法规是统治阶级根据自己在教育方面的意志通过一定的国家机关依照法定程序制定的，调整有关法律主体在教育活动中所发生的社会关系的法律规范体系的总和。从本质上看，教育法规是统治阶级在教育方面意志的集中体现；从形式上看，教育法规是具有普遍约束力的行为规范。具体来讲，教育法规的内涵可以概括为以下几个方面。

（1）教育法规由国家立法机关制定。教育法规的制定就是国家权力机关按照一定的法律程序，以法的形式和手段把国家的教育政策和人民的教育意愿固定下来，使之成为国家意志。教育法规制定活动的成果是教育法规，它是受国家强制力保证执行的有关教育的行为规则，包括教育的法律、法规、条例、章程、决定、命令等所有规范性文件。教育法规的制定是教育发展到一定程度的必然要求，教育法规必须通过国家立法机关制定才能产生效力。

（2）教育法规的制定要遵照一定程序。教育法规制定的程序是指国家机关在制定、修改或废止法律规范活动中必须履行的法定步骤和程序。任何法律的制定都必须经过一定的程序才能立法，才具有法律效力。由于各国或同一国家的立法机关不同，在制定法律规范文件时，其程序各有其特点。一般来讲，可分为法律议案的提出、法律草案的讨论、法律的通过和法律的公布四个步骤。同样，教育法规的制定过程也要遵照法定程序。

（3）教育法规体现统治阶级的教育意志。教育法规是阶级社会上层建筑的重要组成部分。在阶级社会中，人常常因特定的社会关系被分成统治阶级和被统治阶级。每个阶级在教育方面都有自己的教育需求和教育意志，但并不是各阶级的教育意志都能体现为教育法规。只有在经济上占优势、在阶级斗争中取得胜利，从而获得政治统治地位的那个阶级，才有权力将其教育意志上升为教育法规。奴隶社会中有人提出"有教无类"的主张，即除奴隶之外，不分贵贱、贫富、种族和地区都可以入学。这种教育思想不是当时占统治地位阶级的思想，因此即使少数人可以实现这一点，也并不能成为教育法的规定。

（4）教育法规具有强制性。法律规范是由国家强制力保证实施的，具有普遍约束力。教育法规作为法律规范的组成部分是通过国家权力的力量即国家强制力保证实施的。这种强制力具有普遍性，如果某个组织或者个人违反了教育法规必然要受到法律制裁。教育法规区别于其他工作形式的重要之处就在于它可以对不遵守的人采取制裁，以达到强制推行教育法规的意图。

（5）教育法规是规定教育行为的。教育法规具有法律的一般特点，因此具有法律的一般作用。概括来说，教育法规规定教育行为，其作用是确认、保护和发展有利于统治阶段的教育关系和教育秩序。具体来说，有以下四个方面：教育法规确认教育的社会主义性质；教育法规保证人民的教育权利和义务；教育法规保障组织和发展社会主义教育事业；教育法规规范人们的行为。

### （二）教育政策的内涵

教育政策是一个政党和国家为实现一定历史时期的教育任务而制定的行动准则。作为党和国家基本政策的一个重要组成部分，教育政策是依据党和国家在一定历史时期的基本任务、基本方针，由党和国家制定的，而不是个人制定的，是一定历史时期的产物，是一种行为准则。它决定着政党和国家在教育方面的工作方向和措施，而不仅是一种思想。不同的政党和国家有着不同的教育政策。我国当前的教育政策具有五个方面的内涵。

（1）教育政策是党制定的。教育政策制定是一种特殊的重大决策形式。它是决策者以一定的理论原理和价值观念为指导，为实现所追求的目标，对社会不同阶级、阶层和群体的利益进行分析、综合、选择和确认，加以科学策划、统筹兼顾、适当安排，并使其转化为行为规范的过程。教育政策是党和国家的教育管理行为中最为重要的一项活动，是党的教育工作的出发点，并且贯穿教育工作的全过程。党的教育政策就是教育工作的生命线，是党领导教育事业的体现。我党教育政策的制定是以马克思列宁主义、毛泽东思想为指导的，通过运用马克思、恩格斯的辩证唯物主义和历史唯物主义对教育问题做了深入研究，从理论上解决了教育思想中的一些长期混乱不清、是非颠倒的问题。随着经济全球化的快速发展，世界政治的多极化以及不同文化概念、意识形态的交错碰撞，人才竞争和教育竞争日趋激烈，党的教育政策的制定将面临新的挑战，也必须适应新的要求。

（2）教育政策具有探索性。教育政策主要是面向新事物、解决新问题制定的，在政策执行的过程中不断充实完善，比较成熟的政策可以制定为法律。我国教育政策从不完善走向完善经历了曲折往复的过程。对于党和国家新的历史时期所制定的教育政策，我们必须及时、认真地学习和落实。

（3）教育政策是行动准则。党的教育政策作为党和国家的基本政策的重要组成部分，具有政策的一般作用。同时，教育政策作为党和国家管理教育的重要手段具有特定的作用。具体来讲，教育政策主要具有导向作用和协调作用。所谓导向作用是指教育政策对人们的行为和事物发展方向具有引导作用。其表现在以下几方面：第一，为教育事业的发展提出了明确的目标；第二，为实现教育政策目标规定行为规范和行为准则。导向作用的作用形式表现为直接导向和间接导向两种，其特征是趋前性和规范性。所谓协调作用是指政策对社会发展过程中的各种失衡状态的制约和调节能力。这是由政策的本质属性所决定的，即教育政策是教育利益关系的调节器。教育政策协调作用的主要特征表现为多维性、动态性和适度性。

（4）教育政策主要依靠纪律措施来实现。教育政策是政党根据教育工作的实际需要而制定的，是调节教育工作的行为准则或措施。教育政策在贯彻执行的过程中要依靠纪律措施来实现。对违反政策者，政党的组织会给予党纪、政纪处分，以此来保证政策的实施。

（5）教育政策具有指导性。教育政策的指导性是指教育政策在规范人们的行为和事物发展过程中具有指引、引导作用。教育政策的指导作用有两种表现形式：一种是直接指导，另一种是间接指导。直接指导是指教育政策对其调整的对象具有直接作用。间接指导是指教育政策对非直接调节对象的影响。例如，提高教师地位和生活待遇的政策会直接调动广大教师的从教积极性，使其努力做好教书育人工作；间接影响人们就业的选择，引导青年学生积极报考师范院校。

### （三）教育法规与教育政策的联系与区别

教育法规与教育政策既有相同之处，亦有区别。教育法规和教育政策是教育活动的两个重要方面，两者在本质上是一致的，都是由处于统治地位的政党或政府为实现其教育意志，有效管理教育活动而制定的教育领域的行动规范和准则。

一方面，教育法规与教育政策都属于社会主义的上层建筑，由特定历史时期的社会经济水平决定。无论教育政策还是教育法规，都以社会主义现代化建设服务为核心，通过与社会实践相结合，为培养德、智、体、美等全面发展的社会主义建设者和接班人提供制度基础。在教育管理的实践中，教育法规与教育政策均发挥着导向、调控、协调、制约、管理和分配等作用。

另一方面，教育法规与教育政策是广大人民群众共同意志的体现。教育政策和教育法规是针对公共性教育问题而制定的，而不是为个人制定的。只有当社会上大多数人或相当一部分人遇到了共同的教育问题，且这些问题迫切需要解决时，政府才会制定相应的教育政策和教育法规。作为工人阶级领导的社会主义国家，我国的教育政策和教育法规都是以广大人民群众共同意志为基础，为实现广大人民群众的教育需求和保障广大人民群众的教育权利而制定的。除此之外，教育政策和教育法规都是现代国家管理教育的基本依据和重要手段。要深化教育改革，全面推进素质教育，构建充满生机的中国特色社会主义教育体系，为实施科教兴国战略奠定坚实的人才和知识基础，必须通过制定实施教育政策和教育法规的手段。

教育政策与教育法规虽然有相同之处，在本质上具有一致性，但教育政策与教育法规毕竟是两个概念，存在着重大区别。

（1）教育法规与教育政策的制定机关不同。教育法规是由国家机关或国家权力机关制定的；教育政策既可以由国家机关制定，又可以由政党制定。政党在教育政策制定过程中起着重要作用，尤其是处在执政地位的政党。在我国，从国务院到地方各级人民政府，从教育部到地方各级教育行政部门，都可以直接参与教育政策的制定。

（2）教育法规与教育政策的表现形式不同。教育法规的表现形式有宪法中的教育条款、教育法律、教育行政法规、地方性教育法规和教育行政规章等；教育政策主要体现在党章和代表大会所做的决定，以及党中央发出的指示、决议、纲要、通知、意见中。中华人民共和国成立以后，我国相继颁布了《中华人民共和国教师法》（1993 年）、《中华人民共和国教育法》（1995 年）、《中华人民共和国民办教育促进法》（2002 年）等教育法律、法规，制定和实施了《中国教育改革和发展纲要》（1993 年）、等一系列国家性和地方性教育政策。

（3）教育法规与教育政策的层次范围不同。与教育法规相比，教育政策的涵盖面极广，可以从不同角度对教育政策进行分类。从层次上，可将其分为教育基本政策和具体政策；从其发挥的作用上，可分为鼓励性政策和限制性政策；从其对实施对象所产生的影响上可分为直接性政策和间接性政策；从其内容上，可分为各项部门的政策。

（4）教育法规与教育政策的实施方式不同。教育法规的作用主要表现为国家强制性，对全社会成员都有约束力，必须向全社会公布；教育政策不具有国家强制性，只对某部分人有约束力，主要起指导性作用，只在一定范围内公布。所以，教育法规的贯彻和实施与其他法律、法规一样，以国家强制力为后盾，要求社会成员必须遵照执行，所有违反教育法规的个人和组织都要受到惩罚和制裁。而教育政策的贯彻主要靠党的纪律和宣传教育，通过人们的表率作用、组织约束、舆论引导等途径来实现。只有制定为教育法规的那部分教育政策，才能依靠强制手段来实现。由于教育法规具有强制性，所以在贯彻落实一部分教育政策方面起着极为重要的作用。教育政策也不是一纸空文，通过一定的宣传途径和行政措施同样能发挥巨大的作用。在实施教育政策的过程中要依靠宣传教育的手段启发人们自觉遵循。

（5）教育法规与教育政策的稳定程度不同。教育政策与教育法规都具有稳定性，但两者的目的、任务、对象和特点不同决定了两者的稳定性不同。教育政策具有指导性、探索性、时间性，调整得较频繁；教育法律是比较成熟和定型的教育政策，制定和修改程序都较严格，相对来说比较稳定。

教育法规与教育政策是紧密联系的。教育法规是根据教育政策制定的，教育政策是教育法规的灵魂。教育政策不仅指导着教育立法的过程，体现在教育法规中，还指导着教育法规的运行和实施。也就是说，教育政策是制定教育法规的依据，教育法规是教育政策的具体化，每一项教育法规都是一项政策。教育政策是制定教育法律的依据，很多教育法律条款都是从较为稳定的、对全局有重大影响的，在实践中获得了巨大成功的那些教育政策的基础上发展起来的，成为教育政策的具体化和条文化。教育政策决定教育法规的性质，教育法规内容体现党和国家的教育政策；成熟的教育政策可通过法定程序转化为教育法规。只有在党的教育政策指导下适用和实施教育法律，才能更好地发挥教育法规为教育政策服务的作用。在教育管理的实践中，有法依法，无法依政策。教育法规一旦确定下来就会对教育政策产生影响和制约，贯彻实施教育政策不能与教育法律法规相抵触。如果两者发生矛盾，应以法律为准绳，依法办事。

### （四）在教育实践中要协调好教育法规与教育政策的关系

在实际教育工作和实践中，我们必须协调好两者之间的关系，正确发挥教育政策与教育法规的作用。

首先，教育法规不是万能的。当前的教育工作应该注意解决以教育政策代替教育法规的问题。以教育政策代替教育法规的主要表现是政策、法律不分，以人代法、以言代法、以权代法。为了保障人民民主专政，必须加强法制建设。必须使民主制度化、法律化，使这种制度和法律不因领导人的改变而改变，不因领导人的看法和注意力的改变而改变。教育法规不是全方位的、万能的，我们必须在加强法制建设的同时，加强教育政策的制定和实施。

其次，教育政策是非常重要的。教育政策不能代替教育法规，但在某些方面还不完备的情况下，教育政策可以起到教育法规的作用。尽管在一定情况下，教育政策可以起教育法规的作用，但不能把教育政策同教育法规等同起来，应尽可能避免以教育政策代替教育法规的现象发生。

再次，依法治教是当前的主要任务。根据我国现状，当务之急是把社会主义的教育法规尽可能完备起来，在执行中尽量做到有法可依。否则，社会主义法制就会遭到破坏。在教育工作中，这一问题更是迫切需要解决的。

## 二、教育法规与教育道德

道德和法律是社会行为的两个调节器，道德是人们行为的内生力量，法律则是人们行为的外在约束力量。在教育领域，教育法规与教育道德成为规范教育行为必不可少的两个行为准则。它们既相互区别又相互联系，共同规范和调节教育活动中人们的行为。正确认识两者之间的关系有利于我们更好地把握教育法规的现实意义。

## （一）教育法规与教育道德

教育道德从产生开始便属于人们的意识范畴，随着经济和社会的变更，教育道德在人们的头脑与观念中也在不断变化。教育道德的实施不是一个简单的过程，要想使教育道德在人的头脑中形成一种信念，除了个人本身的文化修养素质外，还要依靠思想教育工作的开展。在当今社会中，有些人认为思想教育似乎已经过时，这种观点是错误的，只要有人群存在的地方，就要对人进行教育工作，思想教育是必不可少的内容之一。教师是教学育人的从业人员，是知识文化的传播者。进行道德教育的从业人员必须具有高尚的思想品德，政治立场坚定，辨别是非能力强，所以对教师进行思想教育也是十分必要的。

教师的职业道德是教育道德的核心，也是教育道德的主要表现。教师作为教育活动的组织者，肩负着教育和培养人才的重大使命，教师职业道德的好坏不仅影响教学质量，还直接关系到国家和社会教育目标的实现与否。教师职业道德就是教师在教育实践活动中应当遵循的道德原则和规范的总和。它从道义上规定了教师在教育过程中应该以什么样的思想、情感、态度处理问题，通过调整教师与教育事业之间、教师与学生以及其他人之间的关系，促进和保证教育教学活动的正常开展、顺利进行。

中华人民共和国成立后，我国曾先后颁布了《中小学教师职业道德规范》《中华人民共和国教师法》《中华人民共和国教育法》等教育法律、法规，以规范和约束教师的职业道德。但现实中，教师的职业道德现状并不十分乐观。当前绝大部分教师的职业道德水平是高的，在人才培养中发挥了重要的作用。但是，受市场经济发展带来的功利思想、竞争意识的影响，一些教师的职业道德不同程度地存在着不容忽视的问题，主要表现为有的教师背离了教师的使命与职责，一切以个人利益为重，不认真备课，不安心教学，没有承担起教书育人的使命，导致教学质量滑坡；有的教师急功近利，在评职称、发表论文、申报课题中弄虚作假，不能安心从事科学研究，使科研不能很好地在教学中发挥作用；有的教师不注重个人形象，不能做到为人师表，在课堂上或与学生的交往中不能很好地把握分寸，口无遮拦，既损坏了个人形象又影响了学校声誉。这些现象虽不普遍，却影响了学校教学工作的正常开展。教师是学生的楷模，是教育的使者，教师对教育道德的忽视会给学生和社会带来极大的损害。

教育法规与教育道德在某种程度上具有一致性。一个国家同一时期的教育法规与教育道德具有共同的作用方向。教育法规与教育道德都是基于现实经济基础之上的教育意识形态的表现，反映的是特定历史条件下教育活动和教育行为的秩序和规则，具有鲜明的历史性和阶级性。无论教育法规还是教育道德，都是社会政治、经济发展需要的产物，并受到社会教育思想、观念以及价值观的影响。处于相同历史阶段的教育法规与教育政策对教育和社会所起的作用具有共同性，通过明确什么是应该做的或者可以做的，什么是不应该做的或者不可以做的，对教育关系起到调整作用，对教育行为起到规范作用，并对一定的利益关系的形成和发展起到阻碍或促进作用。

### （二）教育法规与教育道德的区别与联系

虽然教育法规与教育道德在教育利益关系的表达和作用方向上相一致，但是它们毕竟是两个不同的概念，势必具有差异。为了更好地发挥它们的作用，我们有必要弄清它们的区别。

（1）教育法规与教育道德的表现形式不同。教育法规表现在与教育有关的法律、法规、条例、命令等条文中，是由一定的国家机关依照一定的程序制定的。而教育道德则存在于教育工作的思想观念中或形成社会舆论，即使有的教育道德规范已成为教育法规的一部分，相应的教育道德仍然存在于教育道德体系中，并不是说教育道德规范不存在了。一般来说，违反教育法的行为都是违反教育道德的行为；而违反教育道德的行为不一定都是违反教育法的行为。

（2）教育法规与教育道德调整的范围不同。法律规范着重要求的是人们外部行为的协调合理、合法，着眼于人们的行为及其后果，不离开人的行为去过问动机和目的。而道德规范着重要求的不是人们的行为，而是行为背后的动机是否善良、高尚等。因此，教育道德所调整的关系比教育法规调整的关系广泛得多，教育法规只调整教育领域中比较重要的社会关系，而其他绝大部分关系要由教育道德调整。例如，教育法规可以规范和调整师生之间的权利义务关系，却不能调整师生之间的友谊关系，师生之间的友谊关系是要依靠教育道德规范的。

（3）教育法规与教育道德的实现方式不同。教育法规的实现是依靠国家强制力保证实施的，当然也要依靠广大人民群众和教育工作者的自觉遵守和支持，它具有国家强制性的特点。而教育道德的实现不是凭借国家强制力，而是依靠社会舆论、内心信念、传统习惯和教育力量。

（4）教育法规与教育道德的表现形式不同。教育法规存在于阶级社会中，依靠强制力实现。教育道德存在于全部人类社会中，主要依靠自觉纪律实现。

教育法规与教育道德虽然具有各自不同的性质，但是也不是互相对立的。在很多时候，教育法规与教育道德相辅相成、密切联系，具体体现在以下三个方面。

（1）教育法规与教育道德互相交叉，在一定条件下可以相互转化。与一般的行为规范一样，教育行为离不开道德和法律的共同约束。由于道德的作用比法律的作用更为广泛，法定权利可能常常来源于某些道德原则，这使教育法规与教育道德在调整教育行为和教育关系时，会存在相互交叉和重叠的现象。随着社会的发展，教育法规和教育道德能够相互转化。一方面，原本属于教育道德调整的范围开始需要教育法规的参与，原本只能由教育法规规范的部分开始采用教育道德的协调机制加以解决。例如，现代社会以前，"师道尊严"是教育的一项重要道德规范，教师拥有至高无上的教育权力，可随意斥责和教训学生的不良行为。可是，在社会经济不断发展，社会意识不断文明的同时，法律对教师的权力开始加以约束和规范。如果教师体罚、鞭打以及言语侮辱学生，对学生身心造成了伤害，那么教师的行为将会受到法律的裁定和处罚。另一方面，随着社会发展阶段的提高和人们道德素质的提升，教育法规会随着教育规范对法律手段需求的消失而逐步消失，道德将成为社会成员的共同教育准则，对各种教育关系起到协调作用。

（2）教育法规与教育道德互为前提和条件。教育法规是推行教育道德的工具，教育道德是维护和加强教育法规的重要辅助措施。在我国教育法规中贯穿着共产主义的教育道德思想，而且某些教育道德也具有教育法规的性质。正确认识和运用教育法规起着传播和维护共产主义教育道德的作用。

（3）教育法规与教育道德在调整教育的法律关系和规范教育行为的过程中具有互补作用。单纯的教育法规或单纯的教育道德不能达到规范教育行为和调整教育关系的目的。教育法规虽然可以事后规范人们的不良教育行为，但是不能从根本上消除错误行为产生的不良动机；教育规范难以对错误行为进行惩处和补救。所以，教育法规与教育道德都是教育活动不可或缺的行为规范和准则，它们相互补充，共同促进教育事业的发展。

教育工作必须遵守教育法规。然而，仅仅做到这一点是远远不够的，这只是最基本的要求，在教育工作中必须大力提倡教育道德，发挥教育道德的巨大作用。首先，在社会主义的学校教育中，既不能否认教育法规的重要地位，用教育道德代替教育政策，又不能抹杀教育道德的特殊功能，用教育法规代替教育道德。在很多情况下，教育道德都是教育法规无法取代的。教育道德是人们一种有意识的行为规范，是一个人的认识水平和实践价值的具体体现。教育法规用法律条文的形式约束和规范人们的行为。前者具有自觉性，后者多表现为强制性，对违反教育道德的行为应坚持批评教育。其次，正确认识教师道德对教育道德的重要作用，从提高教师道德入手来完善教育道德。教师是传播知识和继承发扬文化的载体，教育道德依靠教师传递给同学和周围受教育的人。只有教师具有高尚的道德情操，学生才能顺利受教，所以教师必须提高自身的道德水平，以便适应社会形势的需要。再次，教育领域以及全社会都必须提倡高尚的教育道德。虽然我们不能要求每一个教师都按照共产主义道德的标准要求自己，但是我们必须大力提倡共产主义道德，让教师向共产主义道德的方向努力发展。

在教育工作中，必须弄清教育法规和教育道德的联系与区别，正确把两者结合起来使用。对违反教育道德的应进行批评教育，对违反教育法规的则应交给司法机关处理。无论把教育道德问题看作教育法规问题，还是把教育法规问题看作教育道德问题，都会给教育工作造成损失。只有按照两者的各自特点正确处理，才能既发挥法规的作用，又发挥道德的作用，才能不断提高师生的思想觉悟，形成良好的校风，从而有效维护正常的教育秩序，培养出合格的人才。

## 三、教育法规与教育纪律

教育纪律是指由学校等教育机构和其他教育相关组织制定的，为了维护正常的教学、教育和管理秩序，要求其内部所有成员共同遵守的行为规则。教育纪律一般包括教育行政纪律和学校纪律，它们是学校教学和教育管理正常运行的基础，也是教育领域不可或缺的行为规范。校规、校纪和教育行政部门内部的规章制度都属于教育纪律，因此教育纪律可以表现为学校规章、学生的行为规范、教育行政部门内部的规范等具体的纪律文本。

### （一）教育纪律与教育法规

在现实教育实践中，要注意区分教育违法行为与教育违纪行为。教育违法行为是指一切不符合法律要求的，超出法律允许范围的危害社会的行为。首先，违法是一种危害社会的行为。其次，违法是一种违反法律规定的行为，有三种形式：一是，行为人以积极的行动实施了我国法律禁止实施的行为。二是，行为人负有实施某种行为的义务，也有能力实施某种行为，但行为人没有实施这种行为。三是，行为人在主观上有过错。教育违法行为的表现形式与一般违法行为的表现形式相同，都包括民事违法、刑事违法和行政违法。民事违法是指违反现行的民事法律、法规的行为，违法者要承担民事责任。刑事违法是指行为人的行为违反了现行的刑事法律、法规的要求，触犯了《中华人民共和国刑法》等刑事法律，需要承担刑事责任。行政违法指违反现行的行政法律、法规，应当受到行政处罚的行为。

教育违纪行为是指学校组织和教育相关机构内部成员违反了该组织和机构的纪律和内部规章制度的行为。以学生为例，所有违反中学生行为规范要求、违反校规校纪的行为都是违纪行为。比如，违反听课或者自习纪律、违反宿舍纪律、违反考试纪律等都属于违纪的范畴。对此类违纪行为，应用学校的校规和校纪进行处罚。

下面通过一个案例说明如何区分教育违法与教育违纪行为。18 岁的李某是某市一名高中生。一天的自习课上，李某不遵守纪律，嘻嘻哈哈，又说又闹，扰乱了自习课秩序。班长上前制止，他不仅不听，反而拿起凳子向班长头部砸去，致使班长受重伤，在被送往医院的路上死亡。李某被法院判处死刑，剥夺政治权利终身。那么，李某的行为应该属于教育违法行为还是属于教育违纪行为呢？从纪律方面看，李某不遵守课堂纪律，自习课上玩闹，影响了其他同学的学习，破坏了学校的学习秩序。这种行为应该算作违纪行为，理应受到纪律处分。从法律角度看，李某违反了我国刑法的规定，侵犯了他人的生命权，构成故意杀人罪，已经构成刑事违法，是违法行为。最终，李某也受到了刑事处罚。可见违反纪律和违反法律只有一步之遥。因此，我们要时时处处注意自己的修养，遵守纪律，养成好习惯，做遵纪守法的好公民。

面对教育法规与教育纪律的约束，我们应该注意以下几个方面。

（1）教育法律与教育纪律有各自的规范领域，不能互相代替。在法学理论领域，法律与纪律的关系脉络是非常清晰的，纪律处分、行政处分与行政处罚的区别是非常明确和严格的。法律是国家的法律，纪律是组织、团体的纪律。同样，教育法规与教育纪律之间也有着明显的区别：一方面，教育法规与教育纪律的制定机关和惩罚范围不同。教育法规是由国家机关或国家权力机关制定的，以国家强制力为后盾，要求全体公民必须遵照执行。所有违反教育法规的个人和组织都要受到惩罚和制裁。教育纪律是学校等教育组织和机构自行制定的，以规范组织成员的行为为目的，只要求所属人员遵守。因此，教育法规适用于全体社会成员，而教育纪律则只适用于与学校和教育组织有隶属关系的成员。另一方面，从制定程序看，教育法规由国家权力机关颁布，必须遵循严格的法律制定和实施过程，而教育纪律制定程序相对简化。同时，教育法规的性质、地位决定了它的内容为原则性与可操作性的结合，教育纪律则具有较强的针对性和操作性。

（2）教育法规与教育纪律相互联系。一方面，教育法规是教育纪律的基础，也是制定学校一般纪律制度的基本依据，而教育纪律是教育法规的补充。另一方面，教育法规与教育纪律具有相同的作用。教育法规和教育纪律都是对违反教育行为规范和教育制度的人和组织进行相应的惩处。另外，违反教育法规的同时可能违反了教育纪律，但违反教育纪律的行为不一定都是违反教育法规的行为。当一个人具有公民和教育组织成员双重身份的时候，如果其行为已经构成违法，那么首先应对其进行法律处罚，然后再由其所在的教育组织根据学校或教育行政单位的纪律规定对其进行纪律处分，而决不能以教育纪律处分取代教育法律的处罚。

### （二）教育纪律与教育法律、法规不得抵触

近年来，随着社会经济制度的转型和人们法律意识的提高，因学校纪律惩处不当导致学生状告学校的教育法律案件屡见报端。从"田勇状告母校滥用职权侵犯其受教育权案"开始，学校纪律处分问题成为学校管理和教育法律的一个新热点。学校为达到管理和教育学生的目的，必然要制定一些校规校纪，但校规校纪的合理与否常常被学校淡忘，从而出现学校校规校纪与国家法律、教育法规相冲突的问题。

现阶段，学校的校规校纪与国家法律、法规相抵触，主要体现在以下几方面。

（1）学校因管教需要而制定的校规校纪在条文内容上与国家有关法律法规矛盾。例如，有的校规规定，学生如果出现迟到旷课、随地吐痰、考试作弊等行为，则需向学校交纳一定金额的罚款。然而，1996年颁布的《中华人民共和国行政处罚法》的第十五条明确规定，行政处罚由具有行政处罚权的行政机关在法定职权范围内实施。学校既不是行政机关，又没有相关法律、法规授权，无权对学生进行罚款。又如，学生存在偷窃、早恋、打架等不良行为，学校要求其在全校师生大会上检讨，这与《中华人民共和国未成年人保护法》有关条款相矛盾。

（2）学校因管教需要而制定的校规校纪在制定原则上与国家对学生的权利保护原则相悖。法律制定的根本原则是对社会个体权利的保障，而学校制定校规校纪的目的在于对学生不当行为的处罚。现阶段，我国各级各类学校的校规校纪绝大部分以禁止性或义务性规范规定学生不能做什么和必须做什么，即校规校纪遵循的原则是命令性、强制性和处罚性的，缺少民主参与和权利保障的意识。另外，一些学校领导和教师的法律意识淡薄、政策水平不高、工作方法简单，在执行过程中动辄把校规校纪作为惩治师生员工的依据，使教育中产生的各种矛盾不断激化，少数学校因校规校纪与法律相抵触还引发了重大的纠纷案件。

校规校纪对保证师生员工正常工作和生活，促进素质教育快速发展，提高教学质量和确保学校稳定，加快依法执教、依法施教具有积极作用。但是，与法律相违背的校规校纪不仅不能维护学校稳定、推进素质教育、提高教学质量，还对学校工作造成不良影响，对教育事业起着严重的阻碍作用。为了更好地协调教育法规与教育纪律之间的关系，我们应该努力从以下两方面做工作：第一，《中华人民共和国教育法》明确规定，学校制定的规章制度不得与宪法、法律、法规和国家教育方针相抵触，不得侵害师生人身权利、民主权利和财产权利等。所以，学校在制定校规校纪时，要以国家现有的法律、法规和规章为基础，行使纪律处罚

所依据的内部自制文件必须合法。第二，加强对教育行政机关人员以及校长、教师等教育工作者的教育法规培训，从而提高教育领域成员依法治教的意识和能力。

## 四、教育法规与教育规律

### （一）教育规律的含义

教育规律就是指教育内部各要素之间以及教育与教育外部各影响因素之间所固有的，在教育活动的发展过程中客观存在的本质联系和必然趋势。教育规律既是揭示教育本质的根本指针，又是教育工作必须遵循的客观法则。与此同时，教育规律面临着两个适应对象，受着两种力量的制约。一方面，它与人的发展有着本质的、必然的联系。另一方面，它与社会的发展有着本质的、必然的联系。因此，教育有两个基本规律：一是教育必须适应社会发展并为社会发展服务；二是教育必须适应人的身心发展并为人的身心发展服务。教育活动的这两个基本规律存在于教育与社会和教育与人的本质联系之中，是教育活动的两个最基本的客观依据。

教育规律、教育体系与教育活动密切相关，所以教育规律不同于一般的社会规律，具有自身的特点。教育规律具有如下四个方面的特点：首先，教育规律是教育现象所固有的、客观存在的。人不能改变、改造和消灭教育规律，只能认识它、利用它来发展和改进教育。只要教育现象存在，教育规律就会发挥作用。教育活动主体的重要任务就是认识和揭示教育规律，并按照教育规律去办教育。其次，教育规律受人们的认知水平的影响。基于科学技术发展程度、特定的社会环境等主观差异和客观条件的限制，人们对教育规律的认识处于一个不断深化的过程中。由于人们对教育规律的认识有失偏颇，在教育实践中，总会出现违背教育规律的现象。这既会影响教育者的教育威信，又会使受教育者的身心健康受到不同程度的伤害，更会阻碍教育事业正常有序地发展。例如，大家在应该提倡"应试教育"还是"素质教育"的问题上，就存在很大争议。一些学校忽视学生素质的全面发展，片面追求升学率，导致部分学生"高分低能"，严重摧残了学生的身心健康，不利于学生能力的正常发展。再次，教育规律具有一定的关系性，它离不开教育实践活动。教育规律是教育实践活动中内外各种关系相互作用的产物。换言之，教育规律有自己的物质承担者或载体。没有教育活动中各种内外因素的相互作用，就没有教育规律。因此，关系性是教育规律的本质。教育规律作为社会规律的一个特殊部类，是通过人的教育实践活动实现的。不仅如此，教育规律本身就是关于人的教育实践活动的规律，离不开人的教育实践活动，它是限制人的教育实践活动自由的规律，也是保证人的教育活动自由的规律。人对教育规律的认识也是以教育实践为基础的，只有当教育内部和外部矛盾在教育实践活动中充分体现时，人们才能更加深刻地认识教育规律。最后，教育规律受阶级意识的影响。在阶级社会里，人们对教育规律的认识受阶级意识的制约和影响，教育规律常常被打上阶级的烙印。不同的阶级有着不同的世界观、方法论，对待教育规律的态度就不尽相同。社会主义教育的目标是要通过德育、智育、体育、美育培养全面发展的人，以适应社会发展的需要，这一规律是社会主义的教育规律。

目前，学术界对教育规律的类型划分形成了不同的看法，大致有四类划分主张：一是主张"教育规律非逻辑分类"；二是主张"教育规律的逻辑分类"；三是主张"教育规律的分类学体系"；四是主张"教育规律的立体体系"。本书仅对普遍认可的两种划分进行详细介绍。

教育规律按层次可分为一般规律和特殊规律。教育的一般规律存在于一切教育现象中，并始终贯穿于教育运行和发展的全部过程。教育的根本职能在于传递社会生活经验，促进人的社会化。教育的特殊规律是指在不同时期、不同领域或不同发展阶段，教育活动所体现出的具有特殊性的规律。例如，对于具体的教育活动规律来讲，德育要求知、情、意、行相结合，智育要求传授知识与发展能力相结合，体育则根据人体生理机能的变化规律制定不同的活动内容和负荷量，等等。总而言之，教育的特殊规律往往符合教育的一般规律，教育的一般规律常常通过教育的特殊规律起作用。

教育规律按照对象范围可分为内部规律和外部规律。教育的内部规律是指教育活动各要素之间的本质的必然的联系。它是教育内部固有体系的基本运行法则，也有理论工作者将教育与儿童身心发展的必然关系称为教育的内部规律。教育与政治、经济、文化等系统之间存在着必然的相互联系，从整个社会的角度看，它们之间的联系是内部的；从教育的角度看，这种联系就是教育外部的关系规律。简言之，我们将教育与其他社会现象的必然联系称为教育的外部规律。教育的外部规律是指教育与经济、政治、文化等系统之间的相互关系规律。总而言之，教育的外部规律制约着教育的内部规律，教育的外部规律必须通过内部规律实现。

### （二）教育法规与教育规律的区别和联系

教育法规和教育规律作为教育的两个基本范畴，共同制约着教育的发展。但是，教育法规不等同于教育规律，教育规律也不等同于教育法规。虽然教育法规是教育规律的体现，但这种体现是有限的。教育法规与教育规律在本质属性、产生形式、作用方式等方面存在着明显的不同。

（1）它们的本质特点不同。作为法律整体的一部分，教育法规具有法律的一般特征，即规范性、国家意志性和强制性。从形式上看，教育法规是一种行为规则，通过义务性规范、禁止性规范和授权性规范为教育活动提供权威的行为标准，避免人们做出违背教育规律的行为，为教育活动的稳定提供了有力的保证；从来源上看，教育法规是由国家通过法定程序采取制定或认可的方式确定的行为规则，教育法规具有国家意志的属性，是普遍有效的；从法的运行上看，教育法规是以国家强制力保证实施的，具有强制性。作为规律的一个类别，教育规律是一种特定的运行法则，具有客观性、固定性和稳定性。教育规律是教育本身所固有的，不以人的意志为转移，有什么样的经济基础和社会条件，教育就具有相应的运行轨道和逻辑机制。

（2）两者的产生形式不同。教育规律具有客观性，所以教育规律是不能人为制定和改变的，它的产生不具有人为的因素。我们可以认识和发现教育规律，可以驾驭教育规律，但是我们不能创造和消灭教育规律，更不能制定和更改教育规律。教育法规与之不同，它是人为设定的，是调节教育主体行为的教育规范。教育法规的制定、执行等就是人的主观能动性极大发挥的过程。根据社会发展的要求和不同的历史条件，教育法规可以被不断地制定和修改。

（3）两者对教育的作用方式不同。教育规律是教育活动的潜在规律，对教育发展具有根本的制约作用；教育法规是教育行为的指导规范，对教育发展具有强制的规范作用。教育法规不等于教育规律，教育法规是教育规律的反映，正确的教育法规确实可以调控教育规律作用的方向、范围、程度和后果，但教育规律是客观的、自由的，教育法规是主观的、不自由的。

遵循教育规律是教育事业发展的基础，而制定相应的教育法规则是发展教育事业的保证。作为教育事业发展的基础和保证，教育法规和教育规律不是彼此孤立和相互敌对的，而是相辅相成、紧密联系在一起的。教育规律是教育法规制定的重要影响因素，也是教育法规制定的客观基础，教育法规则是教育规律的法定化体现。但教育法规并不是被动地依据规律制定和实施的，它是在教育实践的基础上，针对教育问题和需要将符合教育规律的规范条文化，并以法规的形式固定下来。教育法规虽然是教育规律的法定化体现，但是绝不意味着可以用教育法规替代教育规律。教育法规不能制造教育规律，而应顺应教育规律。如果教育法规的制定和实施符合教育规律的发展逻辑，那么教育法规将有利于教育内部各要素的正常运行，有利于教育与其他部门关系的协调，从而有利于促进和推动教育事业向前发展。反之，如果教育法规的制定不符合教育的客观规律，那么教育法规不但不能发挥应有的作用，而且将危害教育主体的利益关系，并阻碍教育活动的开展，无益于教育事业的前进。

总之，依教育法规执教与依教育规律执教，不存在孰轻孰重的问题，两者都是搞好教育工作不可缺少的。在教育活动中，教育规律与教育法规同时存在，教育既受规律制约，又受法规的向导，教育要富有成效，就必须使两者尽可能地统一。无论教育教学活动还是教育管理活动，都应遵循教育规律和教育法规行事。

20世纪80年代以来，形式灵活的社会主义市场经济成为我国社会经济的基本制度形态。与此同时，市场规律相继成为影响和制约人们社会活动以及行为的新规律，教育领域也不可避免地受到市场规律的影响。比如，计划经济体制下，教师是由政府统一安排和调度的，在市场经济条件下，国家对教师的管理实现了从"身份制"向"契约制"的转变，学校和教师均要适应市场的需求，根据市场规律安排教师岗位的数量和自主聘任。除此之外，教育经费的拨发、学校的招生、高校毕业生的就业等与教育发展休戚相关，教育过程或多或少地受到市场规律的影响。随着市场规律对教育活动的影响与日俱增，教育法规的制定究竟应该符合教育规律还是应该符合市场规律？

教育规律是教育法规应遵循和保证的基本原则，制定教育法规必须遵循教育规律。教育法规的根本任务就是保障教育目的的实现，为国家培养和造就合格的人才。所以，教育立法的根本原则之一就是要遵循教育的客观规律。但是，教育法规的制定也要考虑符合市场规律。市场规律不同于经济规律，它只是经济规律的一种特殊的表现形式。但是，市场经济作为社会现有的经济形态，对教育资源的配置和教育成果的转化等起到了基础性的作用。因此，教育法规的制定不能完全忽视市场规律。

教育法规的制定要依照教育规律，但是教育法规的制定也不能脱离一定的经济条件，要以现有的物质条件为基础，遵循和适应市场的需要，考虑市场规律的作用。但是，教育毕竟是教育，不同于其他类型的社会活动，有着特定的培养对象，肩负着独特的历史使命。教育应该是公益性的事业，当教育规律与市场规律产生冲突时，教育法规的制定应遵循教育规律。

# 第三章　中小学依法治校的现状及对策

## 第一节　中小学依法治校的现状

### 一、中小学依法治校局面初步形成

#### （一）中国特色社会主义的教育法体系的框架初步确立

从体系化的角度看，我国当前制定的教育法虽然还没有完全形成一个内容和谐一致、形式完整统一的有机整体，但是具有中国特色、符合我国国情的教育法体系的基本框架已初步形成。全国人大及其常委会先后制定了6部重要教育法律，与中小学直接相关的有《中华人民共和国义务教育法》《中华人民共和国教师法》《中华人民共和国教育法》《中华人民共和国未成年人保护法》《中华人民共和国预防未成年人犯罪法》等；国务院制定了16项教育行政法规，如《中华人民共和国残疾人教育条例》《禁止使用童工规定》等；国务院教育行政部门制定的《学校体育工作条例》《学校卫生工作条例》《中小学生守则》《中小学生日常行为规范》等教育部门规章，各地制定了100余项地方性教育法规或规章，初步形成了中国特色社会主义教育法律法规体系，为依法治校提供了必要的法律依据。

#### （二）教育法律的实施取得重大进展

##### 1.教育制度的建立

六十多年来，一系列法律的制定使我国的教育制度由不完善走向完善，目前已经建立起较为完整的教育制度，这些基本的教育制度与中小学有关的包括学校教育制度、义务教育制度、教育考试制度、学业证书、扫除文盲制度、教育督导和评估制度。

学校教育制度，即学制，是一个国家各级各类学校的体系，也是教育制度的核心。《中华人民共和国教育法》第17条规定："国家实行学前教育、初等教育、中等教育、高等教育的学校教育制度。"其中，确定了小学到中学的"六三三制"，并且授权国务院及其教育行政部门规定学制系统内学校和其他教育机构的设置、教育形式、修业年限、招收对象、培养目标等。

1986年颁布实施的《中华人民共和国义务教育法》规定："国家实行九年制义务教育。"凡年满六周岁的儿童不分性别、民族、种族，应当入学接受规定年限的义务教育，并由国家、社会、家庭依法保障适龄儿童接受义务教育的权利。1992年，国务院批准、国家教委发布的《中华人民共和国义务教育法实施细则》对有关具体问题做了明确规定。各省、自治区和直辖市相应地制定有关行政法规，保障九年义务教育制度的实施。

考试制度是选拔人才的一项基本制度。为使该制度更加科学、公正、权威，《中华人民共和国义务教育法》规定了"国家考试制度"。

我国许多教育法律和法规都有关于学业证书的规定。例如，《中华人民共和国教育法》规定："经国家批准设立或者认可的学校及其他教育机构按照国家有关规定，颁发学历证书或者其他学业证书。"《中华人民共和国义务教育法实施细则》规定，对受完规定年限义务教育的儿童、少年，由学校发给完成义务教育的证书。扫除文盲一直是我国政府教育工作的一个重点，中华人民共和国成立以来，文盲占全国人口的比例大幅下降，取得了举世瞩目的成就。1993年，国务院修订的《扫除文盲工作条例》规定："凡年满十五周岁以上的文盲、半文盲公民，除丧失学习能力的以外，不分性别、民族、种族，均有接受扫除文盲教育的权利和义务。"《中华人民共和国教育法》重申了上述原则。

教育督导和评估是教育行政中不可缺少的一个环节，没有它们，教育行政就没有制约机制。教育督导是政府对教育行政工作进行宏观管理的一种重要形式，是依法治校的重要环节。我国《中华人民共和国教育法》规定："国家实行教育督导制度和学校及其他教育机构教育评估制度。"原国家教委于1995年颁布了《教育督导暂行规定》，我国的教育督导和评估制度日益健全。

教育评估是对学校及其他教育机构的办学水平、办学条件、教育质量进行的综合或单项考核和评价，是政府对教育机构实施标准化管理的重要手段。目前，我国对义务教育学校的评估基本形成了一套完整的法律制度。

### 2. 依法治校逐步落实

1999 年 3 月 15 日，第九届全国人民代表大会第二次会议通过的《中华人民共和国宪法修正案》第 13 条规定，"宪法第五条增加一款，作为第一款，规定：'中华人民共和国实行依法治国，建设社会主义法治国家'。"从这一天起，"依法治国"被正式载入国家的根本大法，标志着中国进入一个崭新的法治时代。在教育领域，依法治校经过多年的实践，不断总结和完善，时至今日，条件已基本具备。目前，我国教育管理开始由以人治为主向以法治为主的管理模式过度。

（1）良好的法律文化环境正在形成，促进了教育法制环境的成熟。多年来，在不断探索的过程中，国民和政府都意识到法律之于教育行政是非常重要的。近年来的普法教育使公民的法律意识逐渐增强，不但守法意识增强了，而且运用法律手段维护自己合法的受教育权的意识也增强了。

（2）教育行政逐步走上法治的轨道。由于法律制度渐趋完善，教育系统中的行政行为已基本有法可依，依法进行教育行政已成为一种必然趋势。几十年来，我国教育屡遭破坏，甚至在一定时期内完全不按照教育规律办学，正常的教学秩序遭到破坏，教育质量无法得到保障，其中一个很重要的原因就是没有法治、没有依法行政，仅有的一些法规或制度被任意破坏，没有权威性。近 20 年来，这种情况有了根本的改观。

（3）教育司法取得长足进展。教育司法是国家司法机关使用法律处理各种案件的专门活动，即国家司法机关依照一定的职权和程序具体应用法律处理教育案件的专门活动。它对维护教育法律关系的主体，尤其是维护教育行政对人的合法权益有着重要作用。如果教育法规规定的公民的合法权益在受到非法侵害时不能有效地通过司法途径寻求法律的救济，那么这些权利就不是法律权利，而只是"道德权利"或"习惯权利"。近年来，随着诉讼制度的日趋完善，公民通过司法途径维护自身权益，尤其是受教育权利已成为现实。

（4）教育法律监督体制日趋完善。教育法的监督是指不同主体在各自权限范围内对教育法的实施进行检查和督促，其目的是为了保证教育法的有效实施，顺利实现依法治校，建立健全教育法制。我国的教育法律监督体制包括权力机关的法律监督和工作监督、行政机关的行政监督、司法机关的司法监督和人民群众的社会监督等方面。

同时，我国的教育法理论研究不断深入，取得的进展令人瞩目。

## 二、中小学常见的违法行为现状分析

中小学依法治校局面初步形成，学校作为开展基础教育教学活动、培养人才的社会组织，在加强法制宣传、增强国民法制意识方面有着十分重要的作用。在现实生活中，发生在校园内的违法现象屡见不鲜，这不仅侵害了相应法律主体的合法权益，而且违背了教育规律，阻碍了教育的改革和发展，应引起相关部门的高度重视。发生在校园内的违法现象因其目的、原因、表现形式、违法后果、责任承担等千差万别，情况比较复杂。以违法主体为划分标准，通常有以下几类。

### （一）学校违法

学校违法主要是学校管理者或决策者在管理学校过程中违反法律规定的行为。

要认识学校违法现象，首先要明确法律规定的学校的权利和义务。

学校是有目的、有计划、有组织地进行教育教学活动的重要场所，在走向教育法制化的进程中，学校正日益成为教育法律法规调整的重要对象。为使学校充分行使自己的办学自主权，切实履行自身在教育和管理中的职责和义务，现有的法律法规对学校的权利和义务做出了明确规定。

学校在进行教育教学和教育管理的过程中，面临着许多法律问题。有的是学校在行使自己权利的过程中，其管理举措或处理决定侵害了教职工或学生的权利；有的是没有履行好义务，使教职工或学生的权益受到损害。

学校违法的具体表现有以下几方面。

#### 1. 行使权利不当

（1）制度违法。一类是学校无章程，制度不健全。《中华人民共和国教育法》规定，学校"有组织机构和章程"是学校必须具备的首要的基本条件。学校章程是学校自主管理及接受监督的基本依据，是我国教育法制体系的延伸和组成部分，对学校内部的机构活动具有确定的规范性。目前，大多数中小学没有《章程》可依据，学校得以运行的制度既不健全，又缺乏规范，导致现有的规章制度涵盖的学校管理层面相当狭窄，作用也微乎其微。另一类是制度不合法，废立很随意。主要是指制度所体现的内容有违背法律法规的倾向，制度的制定和废止很随意，缺乏正当合理的程序。一些学校没有建立和完善听取意见、民主决策和监督检查等合理程序，在制定制度时或是照搬原有的习惯条文应付检查，或由领导层为方便管理和评价而别出心裁制定"土政策"，只注重学校管理的控制性和效力性，忽视了其合法性及对被管理者合法权益的保护。制度缺位或制定制度合理程序的缺位，导致学校违法运行。

（2）开除学生学籍或剥夺学生受教育权。按《中华人民共和国教育法》规定，学校有对受教育者进行学籍管理、实施奖励或者处分的权利。但学校在行使权利的时候必须合理合法，特别是不能损害学生受教育的权利，我国实行九年制义务教育，受教育是每个处于义务教育阶段的学生的基本权利。《中华人民共和国未成年人保护法》第十四条规定："学校应当尊重未成年学生的受教育权，不得随意开除未成年学生。"《中华人民共和国宪法》明确规定："中华人民共和国公民有受教育的权利和义务"。《中华人民共和国义务教育法》第四条明确规定："国家、社会、学生和家长依法保障适龄儿童、少年接受义务教育的权利。"这里的受"接受义务教育的权利"是指学生有权参加学校为实现教育方针而依法组织的各种教育教学活动，其中包括有权按照课程听教师讲课。如果无正当理由不让学生到课堂听课，或随意将学习有困难、违反纪律的学生停学、开除，就是剥夺学生的受教育权，是一种侵权行为。例如，学校随意开除学生、学校随意停止学生上课、学校随意占用学生上课时间、改动教学计划剥夺学生正常的休息时间等。现实中有不少中小学通过开除学生学籍或其他变相手段让一些学习和表现较差的所谓"差生"离开学校，剥夺了他们受教育的权利，有些未成年学生因此走上犯罪道路。近年来青少年犯罪呈现上升趋势，其中辍学的未成年学生占相当大的比重。

案例：小罗是某乡镇中学的一名初二学生，他生性淘气，喜欢搞恶作剧，因而成了班主任和科任教师眼中的"刺儿头"。一天，班上有一个学生丢了30元钱，班主任让这名学生搜查其他同学的衣物和书包，结果在小罗的书包里恰好搜到了30元钱。经该学生仔细辨认，认为这钱正是他的，但小罗矢口否认，说钱是爷爷给他买文具用的。班主任认为小罗是在抵赖，没有听其解释，直接将钱交给该学生，并责令小罗写一份检讨书。谁知，当天中午小罗将该学生狠狠地揍了一顿，班主任闻此消息十分气愤，找到学校领导要求开除小罗。第二天，学校领导让班上的学生就是否同意开除小罗一事进行表决，结果获得除小罗外的全票通过，随后，学校做出开除小罗的处分决定。离开学校后，小罗失学了，终日在街上游荡。小罗的父亲认为，学校随意开除小罗，剥夺了小罗的受教育权，遂向法院起诉，法院以该纠纷不属法院受案范围为由不予受理。此后，其父多次向乡、县教育主管部门申诉。后经媒体报道，乡教育组责令该中学撤销对小罗的开除处分，允许其回校上课，纠纷得以平息。

以上是典型的侵犯学生受教育权的案件。目前，对于学校能否开除正在接受高中以上阶段教育的学生尚存争议，而对于正在接受义务教育的小学生和初中生，学校不得以任何理由予以开除。按《中华人民共和国义务教育法》《中华人民共和国未成年人保护法》的规定，接受义务教育是公民的法定权利，学校作为受政府委托实施义务教育的机构，应当保障符合入读条件的儿童接受义务教育，特别是不得开除在校接受义务教育的学生。

（3）对学生处以罚款。罚款属于行政处罚的性质。学校有无行政处罚权呢？《中华人民共和国行政处罚法》第十五条规定："行政处罚由具有行政处罚权的行政机关在法定职权范围内实施。"第十七条规定："法律、法规授权的具有管理公共事务职能的组织可以在法定授权范围内实施行政处罚。"可见，只有国家行政机关和经授权的管理公共事务的组织，具有行政主体资格的，才拥有行政处罚权。学校是事业单位，当然没有行政处罚权，无权对学生进行罚款。但是，中小学校对学生罚款的现象屡见不鲜。

案例1：某铜矿子弟学校学生家长乐女士向当地媒体反映，她的孩子上网后被学校罚了200元，校方还称罚款要捐给希望工程。

该校校长称，这项制度是学校在2002年9月新学年开始时制定的，已取得大多数家长认同。制度规定，两次以上到校外网吧上网的学生，学校规定将处以200元罚款。乐女士的孩子9次到校外上网，写了3次检讨，其中包括公开检讨一次，屡次犯错才遭此处理。

笔者认为，某铜矿子弟学校罚学生款捐给希望工程的举措十分不妥。

案例2：《三明日报》登载了这样一篇投诉文章——《学校有权对学生罚款吗？》

编辑同志：

我的孩子今年读初三，即将升入高中。学校为了保证完成考入重点高中的指标，制定了很严格的纪律，如规定迟到一次罚款5元，旷课一次罚款10元。老师布置的作业也特别多，孩子经常要做到深夜才能完成。晚上睡得晚，第二天早上很容易睡过头，第一个月下来，我的孩子就迟到了6次，被罚了30元。还有一次，孩子生病没有上学，我们忘记给他请病假，结果也因旷课被罚了10元。我认为，孩子违纪，应该从根上找原因，即使完全是学生的过错，也应进行思想教育，不能像社会上对待成年人那样，动不动进行罚款。请问：学校的这种做法有无法律根据？我们做家长的该怎么办？

笔者认为，学校对犯错违纪的学生进行批评教育，必要时给予一定的校纪处分，本来无可厚非。但是，如果学校对学生处以罚款，则是一种典型的违法行为。

2. 学校没履行好义务。

（1）学校违反教学计划，任意加减课程、课时

按《中华人民共和国教育法》规定，贯彻国家的教育方针，执行国家教育教

学标准，保证教育教学质量，是中小学应履行的义务。令人忧虑的是，近年来在全面推进素质教育的进程中，应试教育"分数至上""升学第一"的理念依然困扰着学校。很多中小学为所谓的提高教学质量和教学水平，违反教学计划，统一规定加班加点，学生不堪重负，这种方法偏离教育方针，忽视全体学生，忽视全面发展。

违反课程计划的主要表现为增加或变相增加教学的学时；没有开足、上足国家规定的各类课程；随意停课、调课；随意延长学生每日在校用于教育教学活动的时间（按规定小学各年级在校统一活动时间不得超过6小时，初中不得超过7小时，高中不得超过6小时）；节假日、双休日和寒暑假在校内或校外组织学生集体补课或上新课。

无论中学生还是小学生，没有课业负担是不现实的，没有压力是不可能的，我们现在即使还做不到愉快学习、快乐学习，至少也应保证学生健康成长。

（2）学校公布学生考试分数

受传统应试教育影响，目前的考试制度对中小学教育影响极大，考试分数的功能被异化。长期以来，将学生的考试成绩按照分数高低排列名次并随意当众公布的现象，在我国中小学屡见不鲜。这种做法侵犯了学生的隐私权，严重摧残了学生的身心健康，是很不正常的。

据北京一位高三女生说："我们的考试测验如家常便饭。不仅仅考试，还排名次。我们两个文科班共98人，从头排到尾。这是同学最讨厌的，也是最害怕的。再说了，第98名还有什么信心呢？"

诸多报刊曾披露，学生由于考试成绩差，深感在同学面前抬不起头，如果性格内向，家庭的教育方法不当，常常引发出一些不该发生的悲剧，如有的学生喝敌敌畏自杀，有的学生残忍地杀害自己的亲生父母等等。

当然，我们不会幼稚地推出结论——仅仅是由于按分数高低排名并公之于众导致了种种悲剧，还有更深层、更复杂的原因。但是，我们必须看到，按分数排列名次和公之于众恶化了学生的生存环境，常常成为悲剧的催化剂和导火索。其实，强行公布分数和排列名次是一种严重的歧视行为，是对学生正当权利的野蛮剥夺，必须予以制止。

笔者认为，学校按学生分数高低排列名次并公布学生考试分数，是违法违规行为，主要依据是法律原则和教育原则。《中华人民共和国未成年人保护法》强调的四大原则之一，即"尊重未成年人的人格尊严"，在《未成年保护法》第四章学校保护中第三十九条规定："任何组织和个人不得披露未成年人的个人隐私。"1994年11月10日，原国家教委在《关于全面贯彻教育方针减轻中小学生过重课业负担的意见》中，曾明确规定："任何部门和个人都不得单纯以学科考试成绩或升学率高低评价学校和教师，不得给学校，学校也不得给教学班和教师下达学生考试成绩或升学率的指标，不得以此排列学校、教师、班级的名次，也不得以此作为评价他们工作好坏、进行奖惩的主要依据，学校、教师不得按学生分数高低排列名次，张榜公布。"

### 3. 学校责任事故

日益增多的学生意外伤亡事故已成为学校最为头痛的事情之一。据有关部门统计，我国中小学生每年意外伤害事故死亡人数在万人以上，平均每天有几十个孩子死于非命。

学校责任事故是指学校由于过失、未尽到相应的教育管理职责而对学生造成伤害的事故。学校拥有合法的自主管理权，但不等于所有的管理行为都合法。管理不到位或有过激的表现，都可能导致学校责任事故的发生。

《学生伤害事故处理办法》出台后，对学生伤害事故的学校责任做出规定，基本上明确了学校的责任范围。依据《办法》第九条规定，学校责任事故有以下 12 种：学校的校舍、场地、其他公共设施，以及学校提供给学生使用的学具、教育教学和生活设施、设备不符合国家规定的标准，或者有明显不安全因素的；学校的安全保卫、消防、设施设备管理等安全管理制度有明显疏漏，或者管理混乱，存在重大安全隐患，而未及时采取措施的；学校向学生提供的药品、食品、饮用水等不符合国家或者行业的有关标准、要求的；学校组织学生参加教育教学活动或者校外活动，未对学生进行相应的安全教育，并未在可预见的范围内采取必要的安全措施的；学校知道教师或者其他工作人员患有不适宜担任教育教学工作的疾病，但未采取必要措施的；学校违反有关规定，组织或者安排未成年学生从事不宜未成年人参加的劳动、体育运动或者其他活动的；学生有特异体质或者特定疾病，不宜参加某种教育教学活动，学校知道或者应当知道，但未予以必要的注意的；学生在校期间突发疾病或者受到伤害，学校发现，但未根据实际情况及时采取相应措施，导致不良后果加重的；学校教师或者其他工作人员体罚或者变相体罚学生，或者在履行职责过程中违反工作要求、操作规程、职业道德或者其他有关规定的；学校教师或者其他工作人员在负有组织、管理未成年学生的职责期间，发现学生行为具有危险性，但未进行必要的管理、告诫或者制止的；对未成年学生擅自离校等与学生人身安全直接相关的信息，学校发现或者知道，但未及时告知未成年学生的监护人，导致未成年学生因脱离监护人的保护而发生伤害的；学校有未依法履行职责的其他情形的。

另外，在发生不可抗力，外侵害，学生自伤及具有对抗性或者具有风险性的体育竞赛活动中造成的学生伤害事故，学校没有履行相应的职责、或行为措施存在不当等情况的，也要承担相应的责任。

## （二）教师违法

21世纪，人们清醒地看到，教育对一个民族、一个国家乃至全世界都有着不可估量的作用，"科教兴国"战略的实施已经充分说明了这一点。与此同时，教师作为振兴教育的关键成为政治、社会的关注所在。然而一个时期以来，教师队伍的政治素质、业务素质的相对落后是不争的事实，同时教师管理体制的建设不足，缺乏一定的法制性，导致部分教师的法律意识淡薄，甚至在中小学教师中出现了一系列教师违法行为。在诸多事实面前，提出"依法治教"是及时而正确的，它是"依法治国"的重要组成部分，是发展教育的必然要求。

在日常工作中，教师实际上充当着两方面的角色，对于学生来说，教师是施教者、管理者；对于学校和教育行政机关来说，教师则成为被管理者。在教育教学过程中，教师既在享受权利，又在履行义务。教师如果超越了法定的权利或没能履行既定的义务，往往做出违法行为。

就目前来说，我国中小学教师常见的违法行为主要有以下几个方面。

### 1. 教学过程中的违法行为

（1）教师超标准教学，对学生的身心造成损害。《中华人民共和国义务教育法实施细则》第二十二条规定："实施义务教育学校的教育教学工作，应当适应全体学生身心发展的需要。"义务教育教学内容的难度和强度要符合儿童、少年的年龄特征，不能超过大多数未成年学生身心发展所能达到的程度。为此，国家专门制订和颁布了教学计划和教学大纲，对各科教学做了明确规定。但在具体教学中，个别教师对学生进行超标准教学。这样不但不能很好地实现教学目的，而且会出现教学意外事故，损害学生的身心发展。

江苏省宝庄县某镇中心小学一班级学生在上体育课时，体育老师在教学中因怕麻烦，没有按教学计划和教学大纲的要求选用教学器材，擅自决定用板凳代替正规体育器材来让学生进行障碍跑。结果造成一学生当场摔倒在地，受伤较重不能行走，经诊断为膝关节十字韧带断裂，胫骨平台撕裂性骨折。

（2）教师擅离课堂，随意停课。教师的职责是教书、育人。《中华人民共和国教育法》第八条规定："教师应贯彻国家的教育方针，遵守规章制度，执行学校的教学计划，履行教师聘约，完成教育教学工作任务。"《中华人民共和国义务教育法》第十六条规定："任何组织或个人不得扰乱教学秩序。"然而，个别中小学教师不忠于职责，没有按照教学计划进行教育教学活动，随便停止上课，扰乱了教学秩序。黑龙江友谊农场某小学教师在上课时间打麻将，并指派学生轮流站岗放哨。这所小学长期以来管理十分松散，据了解，只要工作时间教师凑够人手，就至少有两个班级因教师打麻将而停课，出现了教师在办公室里打麻将、学生没课上的现象。更令人气愤的是，为防止校长突然出现，教师们在打麻将时竟指派学生轮流站岗放哨。这些教师随便停课打麻将，不认真教学，扰乱了教学秩序，同时也侵犯了学生的受教育权，误人子弟，给学生身心发展带来不良影响。

（3）教师偷取、泄露考题。教师应严格遵守学校各项规章制度，执行并完成学校的教学任务。个别教师不能按照教学计划进行教育教学活动，扰乱了教学秩序，降低了教学质量。为了弥补教育过失，取得好的教学成绩，有的教师偷取考题并泄露给学生，这是严重的违法违纪行为。

### 2. 教育过程中的违法行为

（1）教师对学生进行负面宣传。作为教师，应该自觉地对学生进行正确的思想政治教育。《中华人民共和国教师法》第八条和《中小学教师职业道德规范》在思想方面对教师提出三个要求：一是教师应该努力学习马克思主义和党的路线、方针、政策，不断提高思想政治觉悟；二是对学生应该进行宪法所确定的基本原则教育和其他方面的思想品行教育；三是对学生的思想教育应坚持正面教育，教师应以身作则，起到表率作用。但是，个别教师不仅不能提高自己的思想觉悟，反而在课堂上散布对国家和政府的不满言论，对学生造成了负面的影响。这种做法是法律所不允许的。

（2）教师对学生实施体罚或变相体罚。《中华人民共和国义务教育法》和《中华人民共和国未成年人保护法》明确规定：学校和教师不得对学生实施体罚、变相体罚或者其他侮辱人格尊严的行为。体罚和变相体罚学生极易造成学生的对立情绪，使学生产生自卑、怯弱心理。严重的甚至会造成学生肢体损伤，对学生身心健康发展造成十分恶劣的后果。教师体罚学生的情况，由于法制观念的深入已经逐渐减少，然而教师对学生实施变相体罚还是很多。变相体罚表现在教师对学生实行罚站、罚跑、罚冻、罚饿、罚做作业、罚劳动等。中小学教师往往对直接体罚认识较深，运用较谨慎；对变相体罚认识模糊，误以为合理合法，错而不知，故时有使用。

（3）教师泄露学生的隐私。《中华人民共和国未成年人保护法》中规定：教师不得拆看未成年学生的信件，不得披露未成年学生的个人隐私。在学校的具体教学中，有些教师出于好意私藏、私拆学生信件，或者在课堂上揭露学生的隐私，结果适得其反。

（4）教师对学生实施侮辱人格尊严的行为。人格权是公民的基本权利。《中华人民共和国宪法》第三十八条明确规定："中华人民共和国公民的人格尊严不受侵犯。"《中华人民共和国未成年人保护法》第五条规定："尊重未成年人的人格尊严。"《中华人民共和国教师法》第八条规定："教师应当履行下列义务：……（四）关心、爱护全体学生，尊重学生人格。"教师如果做出侮辱学生人格的行为，会造成学生精神上的痛苦和心理上的创伤，使他们的名誉受损，得不到他人的尊重和信赖。总之，教师对学生实施侮辱人格尊严的行为，是一种严重的违法行为。

### 3. 管理过程中的违法行为

（1）教师对学生乱收费、乱罚款。《中华人民共和国义务教育法》第十条规定："国家对接受义务教育的学生免收学费。"各学校可向学生收取一定的杂费，除此之外，任何其他行政机关和学校不得违反国家有关规定，自行制定收费的项目及标准，不得向学生乱收费。有些教师对学生迟到、早退、不按时完成作业、考试不合格、打架、骂人等违反校纪校规的行为不能进行正确地教育，而是采取罚款、收押金的方式。这样做虽然暂时起到规范学生行为的作用，但实际上已触犯了法律。

（2）教师随意剥夺学生受教育权。我国实行九年制义务教育，受教育是每个处于义务教育阶段的学生的基本权利。《中华人民共和国宪法》中明确规定，我国公民有受教育的权利和义务。《中华人民共和国义务教育法》第四条明确规定："各级人民政府及其有关部门应当履行本法规定的各项职责，保障适龄儿童、少年接受义务教育的权利。"这里的受教育权主要是指学生有权参加学校为实现教育方针而依法组织的各种教育教学活动，其中包括有权按照课程听教师讲课。如果无正当理由不让学生到课堂听课，或随意将学习有困难、违反纪律的学生停学、开除，就是剥夺学生受教育权，是一种侵权行为。例如，教师随意开除学生；教师随意停止学生上课；教师随意占用学生上课时间，或改动教学计划；剥夺学生正常的休息时间等等。

（3）教师奸污学生。教师不仅要向学生传授知识，更重要的是育人。因此，教师应具备良好的道德素质然而，极个别品行不良的教师，做出了侮辱学生、影响恶劣的行为，将受到《中华人民共和国刑法》规定的相应制裁。

（4）教师对学生进行伤害。包括由于教师的精神和心理问题对学生进行伤害；为获钱财，绑架残害学生；教师泄私愤伤害学生等等。

（5）教师对在校生未尽责任。未成年的中小学生在校求学期间，学校教师具有对未成年学生部分监护权并承担部分监护责任。一般来说，学校的监护职责包括保护被监护人的身体健康、对被监护人进行管理和教育。为了保护被监护人的身体健康，学校不得将未成年学生置于有害于学生身体健康的环境中。例如，在没有取得家长同意的情况下，不得将未成年学生交给不认识的人带走，不得带领未成年学生救火，不得带领未成年学生出去旅游等等。

### （三）学生违法

#### 1. 校园暴力

（1）打架斗殴。这在中学里是经常发生的，通常是一些品德较差的大同学，自以为有力气，以大欺小、以强凌弱殴打校内外的小学生。另外，还有中学生群体相互殴打的现象，也称学生打群架。中学生打架斗殴破坏了学校的正常秩序，给学校带来不好的影响，对学生的身心造成伤害，其危害性是显而易见的。

（2）抢东西。一种是大同学抢小同学的玩具、学习用品或钱等，突然袭击，逃之夭夭，低龄学生无法防备；另一种是有的中学生专门抢社会上弱势群体的东西，如妇女、残疾人、老人和小孩等，趁人不备，抢到手后迅速逃跑。

（3）强索钱财。这是近几年来发生在上海、北京、广州、南京等大城市的一种社会现象。在中小学校门口或附近地区，年龄大的中学生向低龄学生强索钱财，以暴力相威胁，逼迫年龄小的学生交出零用钱或学习用品等，并不准他们告诉学校和家长。此类事件不仅摧残了被袭击儿童的心灵，影响他们的学习生活，而且造成许多家长惶惶不安。

（4）毁坏物品。有的中学生心中怀有不满、怨恨等情绪，通过毁坏物品的方式来表现和发泄。这类攻击行为的目标不是人，而是物，当然也可以表现为攻击社会上的公共物品和私人物品，但目的同样是发泄内心的情绪。

#### 2. 不正当性行为

（1）攻击性不正当性行为。是指使用暴力、胁迫或诱骗手段强制对女性实施猥亵或奸污，这类不正当性行为具有严重的危害性，是触犯我国刑事法律的行为。

（2）不纯的异性交往。现代社会承认和允许青少年男女之间正当交往，但是，少男少女在不良性意识的支配下，发生性行为和其他淫乱的行为，是不纯的异性交往，是非常有害的。目前，我国对青少年婚前性行为和未成年人性行为的舆论谴责程度降低，并对此类行为有一定程度的容忍性。同时，在一些中学里，少男少女不易控制自己的性冲动，在好奇心和朦胧的性意识支配下，发生了男女学生的性越轨行为，有的还多次发生性关系。这说明青少年在外界不良诱因的影响下，容易产生不良的性意识。

### 3. 逃学或旷课

逃学或旷课这是指学生没有正当理由而拒绝上学。生活中常见的逃学或旷课有两种：一种是偶尔为之，一种是反复长期的。逃学的中学生中，成绩差的占多数，成绩好的极少。

### 4. 欺骗

（1）青少年说谎行为的表现
青少年说谎行为表现为对父母说谎、对老师说谎、对同学说谎和对他人说谎。
（2）青少年的作弊行为

无论中国还是外国，都存在考试作弊现象。目前，我国青少年作弊行为严重，也是目前教育的一大问题。

### 5. 偷窃

在青少年偷窃中，中学生偷窃为数不少。许多中学生的偷窃都是小偷小摸，有的既构不成犯罪，也谈不上治安处罚，都是属于轻微的。但也有少数中学生的偷窃行为是严重的，甚至触犯《中华人民共和国刑法》，构成犯罪。比如，南京市有两个中等技校的学生，结伙入室盗窃，一次就偷了国库券、债券、金饰等价值 7 000 多元的财物，被人民法院判处徒刑。

以上三种主体的违法不是孤立存在的，往往交织在一起，构成错综复杂的网络。学校、教师、学生权利和义务是相互的，某一主体的权利经常是另外主体的义务，反之亦然。有些权利同时又是义务，权利义务合一，行使权利时，也在履行义务。学校、教师、学生三者的违法，往往跟主体的权利意识、义务意识及他们对权利、义务意识的理解发生偏差有关。

以上列举的中小学校违法行为是比较常见的，正如其他违法行为主体一样，中小学校违法行为也是多方面的，这里无法穷尽罗列。中小学校在推进依法治校的过程中还存在很多不尽如人意的地方，希望能引起有关人士的重视。

## 三、中小学校违法的成因分析

当前，中小学校违法现象时有发生，对我国教育事业的发展十分不利。中小学校违法行为不仅伤害学生，也伤害着家庭和社会，更损害了学校教书育人、教师"德高为师，行正为范"的崇高形象，同时践踏了国家法律的尊严，其社会影响是恶劣的。

究竟是什么原因造成中小学校违法呢？有其内在和外在原因。

## （一）外在原因

### 1. 立法不全

在实施依法治国方略和推进依法治校的过程中，我国加快了教育立法的步伐，先后制定了6部重要教育法律、10余项教育行政法规、200多项教育部门规章以及100余项地方性教育法规或规章，为依法治教提供了必要的法律依据。但是，由于我国目前仍处于社会主义民主与法制建设期，现有的教育法律法规仍有许多不完善之处，主要表现为以下两个方面。

（1）教育立法缺乏适应性。社会生活中事件的不可预测性和人类语言本身的局限性导致法律虽然有其明确性，但在具体案件发生时，仍会界定不明，缺乏适用性。许多教育法律法规缺乏其本身应有的权威性、确定性和稳定性，某些权利义务关系和职责权限关系还不甚明确，已有的教育法规之间存在着某些重复乃至混乱的现象等等。从理论上讲，"法治"所要求的法律应是内部和谐、结构严谨、层次分明、规范明确的体系，但由于法律所面对的对象广泛、复杂、多变，而人的认识能力有一定的局限性，难免出现法律内部矛盾的冲突以及应规定而未规定、不应规定的做出了规定和已做出的规定不合理、不到位等瑕疵、缺陷。

（2）地方教育法规建设相对落后。中央、省级政府依据普遍适用原则，制定了一些大的法规框架、总的规则。然而，由于社会经济、政治、文化背景状况迥异，各地区发展是不一致的。发展程度不同的地区，可能出现的事件也不尽相同，即使是同类事件，其发生的频率和事态的严重性都可能极不相同。这些因素使总的法规条文在对地方具体事件实施上易缺少较强的针对性和可操作性。在此情况下，一方面是学校、教师和学生的合法权益难以得到充分的法律保护，导致学校违法；另一方面也给学校留下了打法律"擦边球"的机会。

因此，各地教育部门需要在总的教育法则指导下，根据自身发展的实际需要及当地教育领域出现的实际问题，将有关法规地方化。

### 2. 执法不严

法律的明确性可以有效地杜绝立法者、执法者的恣意妄为和滥用职权，但由于法律面临的现实情况复杂、多变，而人的认识能力有限，不可能对所有问题做出明确规定，因此法律留有许多自由裁量的余地，在一定程度上弥补了"明确性"的不足。同时，这又给滥用自由裁量权开了方便之门。一个被授予权力的人总是面临着滥用权力的诱惑，面临着逾越正义与道德界线的诱惑。部分教育人员正是抵制不住这种诱惑，做出违反教育法规的行为。部分行政管理人员、执法人员对给学生身心造成重大伤害的学校管理者和"严师"只做出行政处罚等，甚至某些地方私立法规、篡改事实，进行地方保护。

这些都对学校正确认识法律、法规，严格遵守法律、法规极为不利，极大地损害了教育法规的威严，造成极坏的社会影响。另外，有些执法人员以同情心代替法律规定，认为学校、教师的违法行为有些是出于"德育"的需要而采取的必要措施，导致"姑息养奸"。

### 3. 普法不宽

普及全社会的教育法律意识，是"依法治教""依法治校"的基础。公众只有了解教育法规，真正理解教育法规，将外在法律法规内化为主体自觉意识的时候，法律才能切实发挥其效力并得以完全实施。

我国学校的法制教育，只是学习一般法规，而有关教育法制方面的专题教育极少，同时，没有统一标准的法律教学大纲和教材，部分法律知识只是在一些思想政治课中略有体现，且缺少实例教育。从小学到大学多是重复地、机械地记忆法律内容的条条框框以做"应试"之备，没有理解法规本身的内涵和意义，只是把法看作一种神圣威严，远离自己的东西，认为它纯粹是一种强制手段，统治工具。对法规到底是什么，思想上没有搞清，也没形成自我保护意识，对自觉依法办事表现出暂时性和不稳定性。

教师既是国家公民，又是国家教育的专职人员，其违法行为的产生与所接受的法制教育不深入不无关系。在教师的培养过程中，师范院校除少量教育学专业开设教育法学基础课外，其他师范专业均没有系统学习过相关教育法规，学校及教育行政部门领导也缺乏正规教育法规培训，所以在教育系统中，教师及学校主体违法行为时有发生。

### 4. 管理体制关系不顺

我国由计划经济转为市场经济，是政府放权的过程，是社会法制化的过程，也是各方面利益不断调整的过程。在这个过程中，政府为了维护自身的权威，减缓了放权进程，致使计划经济体制和市场经济体制共同作用于社会生活和经济生活，引发一些社会问题。在教育管理上，一方面积极向市场化和法制化迈进，大力实施校长负责制、教师聘任制、多种形式办学等改革举措；另一方面学校自主权有限，使各种教育改革措施大打折扣。在这种情况下，学校难以治校，背上了沉重的经济负担和社会负担，本质功能被弱化。学校在计划经济体制和市场经济体制之间又有较大的自由空间，容易找到逃避法律责任的避风港和保护伞，矫正违法行为和追究法律责任十分困难。

### 5. 政府的教育行为不到位

政府的教育行为就是政府对教育的投入、保护、管理、指导等有利于教育发展的行为。政府的教育行为不到位是因为政府的行为能力有限：其一，政府可利用的才力资源、人力资源、信息资源有限；其二，政府行政部门机构重叠，权责不明，削弱了政府的权威性；其三，在以直接行政为主要手段的管理方式下，缺乏通畅的行政渠道和相应的监督。政府教育行为不到位的突出表现是投入不足，保护措施不力。政府对教育的投入就是逐步提高国家财政性教育经费支出，使其在国民生产总值中占有一定的比重；政府对教育的保护就是政府通过行政措施来改善教育环境，保证教育健康发展。目前，由于人们对教育本质的误解，社会向学校伸手的现象比较突出，学校、社会负担沉重已成为事实。同时，教育效果弱化、教育体制改革缓慢、教育资源配置不合理等问题日益凸显，而政府解决此类问题的措施不尽如人意。

## （二）内在原因

### 1. 中小学校长、学校行政管理人员及教师的法制观念淡薄

目前，教育法规的宣传在给中国人的法治观念带来深刻变化的同时使人们的法治观念陷入了误区。在指导思想上，简单地认为学法、知法就能依法、守法，而且防民治民的意识浓厚；在操作上，知识的普及重于观念的确立，对义务、禁令的宣传重于对权利、自由的启蒙。这导致人们没有认识法律的真正功能，片面追求法规的惩罚、警戒、预防功能，忽视法律评估、指引、保护、思想教育等功能。人们在对法律意义有基本认识的前提下，只是努力记忆法律条文，而不去理解它、运用它。没有根源于头脑的法理，就无法在行为前形成正确法规概念，无法自觉指导实践。

（1）校长是学校行政的最高负责人、学校的法人代表，对外代表学校，对内领导和负责学校的行政工作。如果校长法制观念淡薄、不懂法、不善于依法管理

学校，就不能依照现有的教育法律法规进行建章立制，不能依法进行教学管理、财务管理、教职工管理、学生管理、后勤管理等。由于受到一些旧思想的影响，个别中小学校长把校长负责制片面理解为校长专制制，一人说了算，大权独揽，随意侵犯师生的合法权益。

（2）学校行政管理人员是各部门的负责人或具体经办人，法制观念淡薄，没有根据其特定部门的法律规范依法行政，造成违法。例如，在财务管理方面，财务部门没有依照有关规定建立、健全财务制度，使财务工作无章可循。又如，在学校食堂管理、卫生管理等方面，后勤管理部门没能依法履行对学校育人工作的支持职责，没有认真贯彻执行《中华人民共和国食品卫生法》《中华人民共和国学校卫生工作条例》《中华人民共和国物价法》等有关法律法规。

（3）法律法规对教师的权利和义务都做了明确的规定，一些教师法制观念淡薄，权利义务不清，不能很好地行使权利和履行义务，往往造成侵权或其他违法行为。

2. 未能建立良好的管理学校的规章、制度

（1）规章、制度的制定方面

学校在进行法制管理的过程中可以制定一些必要的规章制度，但必须在国家相关的法律、法规与政策的基础上进行。法律、法规可以按照规范内容的不同性质分为义务性规范、禁止性规范与授权性规范。实践中形成的瑕疵主要有三种类型：第一种是对于相关的义务性规范的消极排斥，第二种是对于相关的禁止性规范的积极侵犯，第三种是对相关的授权性规范的变相歪曲和滥用。

其一，制定程序上不规范。制度的生命在于其相对的科学性、规范性与稳定性，而规范性、稳定性的属性都是建立在科学性的基础之上的。制度之所以相对科学就因为有一套严谨的制定程序以及由这个程序所保障的民主合议的切实运作，集思广益，通盘考虑，在最大程度上克服个人知识的不足与利害关系在其中的消极影响。一些学校在制定规章制度的过程中存在以下问题：首先，有权制定学校规章制度的组织机构不明，学校的每一个具体职能部门，甚至是领导个人都能制定规章制度，这样就难以避免"首长意志"与"政出多门"；其次，虽然有些学校明确规定了学校教职工代表大会是学校规章制度的制定机关，但教代会不能真正行使职权。由于缺乏明确的机构内部的"合议"机制，结果只能是要么"合而不议"，要么"合而议不成"，一些以教代会名义出台的规章制度往往只是个别领导的闭门造车，再署上一个教代会的名义。一些涉及学校发展大计和教职工切身利益的规章制度就是在这种情况下出炉的，其品质与后果可想而知。

其二，制度内容上不科学。制度内容上的瑕疵主要是指规章制度在调整范围、

方法、程序方面法制视野不足。这种瑕疵不只是与现有的国家相关法律的规定直接抵触，也包括在法律规定不明或法律根本没有也没有必要进行规定的情况下学校规章制度所做出的不恰当的规定。这种现象主要有以下三种情况。①不适当地扩大学校规章制度的适用范围。同法律部门一样，学校管理中的规章制度也应当有相对确定的社会关系，即有着相对特定的调整对象或调整范围。只有那些与学校工作紧密相关的地方，才是学校规章制度有所作为的领域。②不适当地增加了学校规章制度的调整手段。一些学校的规章制度不同程度地存在着变相罚款的非法规定。罚款作为一种重要的行政处罚方式，按照《中华人民共和国行政处罚法》第三章的规定，只有有行政处罚权的行政机关和法律、法规授权的组织才能按一定程序行使，而一些学校出于严肃某些规章制度执行的良好愿望，规定了对违反某种规定的"扣除"数额，有的已经在一定程度上构成了一种变相罚款。③不适当地借助学校规章制度在一定程度上限制或剥夺教职工和学生的正当合法权益。

（2）规章、制度的执行方面。在执行过程中的法制瑕疵主要体现为重义务轻权利、重实体轻程序、重拘束轻参与。从规章制度的执行结果看，也存在着两种无法令人满意的状况。

第一，执行不严格，实施不到位。社会与法律进化的规律之一就是从无序到有序。法律秩序的合理化、合法化及稳定化的程度越高，标志着法治越成功。学校的各项规章制度的实施同国家法律的实施一样，要求制度面前人人平等，有章必依。只有在实施上到位，规章制度才能实现，规章制度可能的、有利的、潜在的序化功能才能充分发挥。然而，学校的规章制度在执行过程中难以避免一些人情、关系的冲击或干扰。合理的学校规章制度一旦制定，就应当严格执行，体现作为规章制度的稳定性、规范性。

第二，执行僵化，没有做到与时俱进。诚然，在学校规章制度的执行中不应有无原则的"变通"，但由于规章制度本身不可避免地存有不足，需要做必要的修正时，就应当及时调整，而不能走向僵化。当前，我国无论是经济体制还是教育理念都在经历着广泛而深刻的变革，而一些学校管理中的规章制度都是在计划经济与应试教育的背景下出台的，这就必然要求进行相应的修正而不能故步自封。规章制度出现语言表述歧义、列举不周延等技术瑕疵时，要有相关的救济渠道和相应的"协商—合议"机制来妥善解决，以保证规章制度的科学性，不因其某种意义上的僵化与滞后而形成对学校管理的阻碍。

（3）规章、制度的监督方面。首先，监督的主体不明确具体。一些中小学在规章制度的监督上有一些看似丰富的规定，如什么与什么相配合，什么与什么相统一，往往是面面俱到，但又徒有虚名。在法律视野中，监督与确定的主体和确定的权限是联系在一起的，缺乏确定的主体与职权，要么是真正的无人监督，要么是在大家监督名义下本质上的无人监督。

其次，监督程序不明确清晰。有的学校虽然赋予教代会等监督的权利，但并没有具体的关于监督程序的规定，结果造成监督机构似乎无不监督，最终却无可监督的尴尬局面。恰当的做法是在制定学校规章制度的同时，对与之相关的监督制约的具体操作规程（包括方案的提起、审议、评价）予以设定，以切实保证监督能落入实处。例如，有的学校就规定监督机构有列席会议、自主审查的权利。

最后，监督的内容不全面。同法律监督一样，学校规章制度的监督包括规章制度的制定与执行两个完整的环节。实践中，一些学校在规章制度的监督上片面地强调对其创制环节的监督，而对其执行环节的监督缺乏具体的机制加以保障。所谓的监督也只能是年终听取一下"官样报告"，不真正地深入到具体的操作过程中，就很难发现与纠正其间的问题与错误。一些媒体披露的与学校有关的违法犯罪的案例清楚地反映了这一问题。监督内容的不全面还体现在重群众而忽视领导成员上，这样就难以真正消除"优势不对等现象"。

### 3. 经不起社会不良风气、丑恶现象的影响

有些中小学领导认为个人付出的和党给予的相差太悬殊，忽视了自身良好形象的塑造，世界观、人生观、价值观、功利观出现偏差，产生了拜金主义、利己主义和享乐主义。在这种补偿心理的支配下，一有机会就想贪占，以权谋私，权钱交易，以致走上违纪、违法和犯罪的道路。某些教师受社会不正之风的侵蚀，私吞教育经费，甚至挪用学校用地谋取私利；有的教师为求个人名利，在课堂上推销复习资料或其他物品，甚至盗取考试试卷卖给考生；有的教师出租学生，获取私利等。

### 4. 学生缺乏必要的安全意识

《中华人民共和国未成年人保护法》规定："学校、幼儿园、托儿所不得在危及未成年人人身安全、健康的校舍和其他设施、场所中进行教育教学活动。"《中小学校园环境管理的暂行规定》中第十三条规定："学校要建立安全教育制度。在教学设施，饮水饮食，取暖、用电、开展体育、劳动和其他集体活动等方面采取安全防范措施，保证师生安全。"未成年学生由于正处于生理、心理和智力的发育阶段，对主、客观世界的认识还不全面，自我保护意识未完全建立，自我保护能力较弱，所以容易发生意外事故。

# 第二节　中小学依法治校的必然性和可行性

## 一、依法治校的必然性

实施依法治校是社会发展的必然要求。学校不仅是发展科学技术的重要方面军和培养现代化建设人才的基地，还是先进文化的加工厂和辐射源，是人类文明发展的领头雁。学校建设的关键要落实在人才培养、科技创新和文化发展上。培养具有现代意识的合格人才，创造代表人类文明最新成果的精神产品和科技成果，向全社会散播先进文化的种子，是学校不容推辞的神圣职责。要想很好地履行这样的神圣职责，学校必须建立和实行适应时代发展要求、充分体现时代特征的科学管理理念和模式，依法治校自然成为一种必然的选择。从我国的教育发展趋势和办学实际来看，实施依法治校有其客观必然性。

### （一）作为独立法人的学校其治理结构必然是法制化

根据《中华人民共和国教育法》的规定，学校具有独立法人资格，属于社会法人。与计划经济时代学校作为行政单位或行政附属事业单位显著不同，学校与政府及其教育主管部门之间那种纯粹下级与上级、服从与命令的关系已经转变为一种由法律调整的法律关系。政府对学校的管理权利和义务，学校对国家的义务，均由法律加以规定，学校与政府形成一种行政法律关系。不仅如此，学校与社会的关系随着社会法制化的进程而逐渐法制化，学校与企业之间、学校与社会组织之间、学校与学校之间、学校与其他社会主体之间的财产关系、服务关系、合作关系，都由法律加以调整，形成错综复杂的民事法律关系。行政法律关系和民事法律关系的形成意味着学校必须独立地享有法定权利，独立地承担法律义务和责任。在这种情况下，学校必须依法治校才能作为独立法人而存在。

### （二）依法治校是学校内部管理体制改革的应有之义

以前，学校与校内各个单位，如学院、校属经营实体之间，学校管理者与教师、学生、职工之间，都是一种纯粹的行政关系，没有法律界定各自的权利和义务，即使有规范加以调整，也不具有权威性、稳定性。而如今，《中华人民共和国教育法》《中华人民共和国义务教育法》《中华人民共和国教师法》等法律法规的制定，使学校内部的这些关系都受到法律规范调整，成为一种法律关系。由于各个主体各自的权利和义务的差别而呈现出不同类型的法律关系，如学校与学院的法律关系就不同于学校与出版社的关系，学校与计划内研究生的关系就不同于学校与计划外研究生的关系，学校与教师的关系就不同于学校与管理干部的关系等。特别是分担教育成本的制度使学生与学校形成一种交换关系，学生作为缴费上学的受教育者有权利得到优质教育，有权利要求学校、教师和管理者认真教书育人、管理育人、服务育人；学校因为收取了学费而应当组织良好的教学和管理，培养全面发展的合格人才。学校内部关系的法律化是中小学教育适应社会主义市场经济体制，摆脱计划经济对中小学教育影响的必然结果。在内部关系法律化面前，学校必须依法办学、依法管理、依法细化校内各种法律关系，政府和社会也强烈要求和呼唤学校依法办事、依法管理。

### （三）依法治校是应对法律诉讼、加强权利救济的重要举措

近几年，随着依法治国、建设社会主义法治国家进程的加快，人们的法制观念、维权意识空前提高，学生、教师、工人状告学校侵权的案件屡屡发生。这种局面迫使学校加快依法治校进程，一方面避免发生侵害学生、职工权利的事件，另一方面依法应对诉讼或利用法律诉讼程序，维护学校的合法权利。

## 二、依法治校的可行性

中小学依法治校有着良好的内外部环境和条件，实施依法治校是可行的。社会主义市场经济进一步完善，社会主义法制进一步健全，广大民众法的律意识和法律知识水平日益提高，社会依法办事氛围日益浓厚。中小学内部对于依法治校的呼声日益高涨，中小学在管理的民主化、法治化方面积累的经验日渐增多，这使中小学实行依法治校有了较好的内外部环境和条件。特别是随着我国加入世界贸易组织，与国际接轨的步伐日益加快，我国中小学参照、学习西方发达国家办学经验的机会日益增多，条件更加充分，我国中小学依法治校可资学习借鉴的渠道更加宽广，这使依法治校完全成为可能和可行的事。

# 第三节　中小学依法治校的对策分析

## 一、健全教育法规，严格教育执法，加强教育法规的执法监督

### （一）加强教育立法，做到有法可依，这是依法治校的前提

要根据我国政治、经济、文化等方面的实际情况，制定全面、系统的立法规划，加快教育立法进程；实行专家立法，提高立法技术。教育立法就是教育法规的制定。国不可无法，无法则不治；教育不可无法，无法则不兴。因此，只有进行教育立法，才能做到有法可依。但是，我国教育立法的基础仍很薄弱，从总体上看，其突出表现为整个教育法律体系还很不健全，很不完善。迄今为止，仍有一些很重要的教育法律还未出台，许多应由教育法加以调整的社会关系无法可依；许多教育法律规范缺乏应有的权威性、确定性；某些权利义务关系和职责权限关系还不甚明确；已有的教育法规之间存在某些重复。在形式上也有较大的局限性，主要是国家行政机关制定的教育行政法规、教育规章等，相当一部分属于法规性文件。从法规的名称上看，有不少法规属于暂行、试行、草案，而且有的法规暂行多年。法规名称种类繁多，缺乏规范性，以致仅从名称上无法判断法规的形式种类以及效力等级，在对有些法规形式的鉴别上还存在一定的难度。针对上述问题，需要在教育立法上加强力度。

加强教育立法，必须健全教育法规。所谓教育法规是由国家机关制定的教育方面的规范性文件的总称，包括教育法律、教育行政法规、教育规章、地方性教育法规等。为了适应社会主义市场经济体制和教育改革发展的要求，必须依据《中华人民共和国教育法》，继续抓紧制定教育方面的子法，以便形成完整的有机的教育法规体系，同时要及时制定相应的配套法规。每项教育法律都应有与其相配套的实施细则，要制定与之相适应的地方性教育法规。只有如此，才能使教育法律的各项条款便于操作和执行。

教育立法是一项十分严肃的工作，加强教育立法必须坚持正确的指导思想。第一，必须坚持四项基本原则，这是立国之本，更是保证教育法规社会主义性质的根本前提。第二，必须坚持实事求是的原则，教育立法一定要切合我国实际。第三，必须坚持教育立法的民主性与科学性，坚持走群众路线，充分听取广大人民群众尤其是教育工作者的意见和建议。同时，要重视理论上的指导，进行充分的科

学论证。第四，应注意教育法规的稳定性与连续性，对教育法规的制定既要积极又要慎重。对于那些被实践证明已经成熟了的方针政策可用法律的形式固定下来，对于那些已经不能满足社会经济发展需要的法规内容要及时进行废除或修改。制定教育法规时，还要充分注意具体条文的可操作性，尽量避免和减少那种笼统的甚至模棱两可而无法操作的规定和表述，尤其要注意法律责任的可操作性，这就要求在法律责任方面，要尽可能写得明白、具体、可行，如由谁来承担责任、谁来罚、怎样罚等都要清楚明白，以便执行。第五，合理借鉴其他发达国家依法治校的经验。以日本教育法体系为例，它分为教育基本法、学校教育法、社会教育法、教育行政组织法、教职员法等具体分支，其中学校教育法是以教育基本法为依据制定的，是中小学依法治校的具体依据。我国教育法制体系处于初创阶段，围绕学校教育尚未形成一部统一的法典。我们应加强研究国外的先进做法，总结我国已有的法律、法规，为国家立法、中小学管理者提供理论支持。为了使中国教育发展跟上世界潮流，必须确立一种新的学校管理理念，因此，学习发达国家学校管理中依法治校的先进经验已成为当务之急。日本的《学校教育法》是 1947 年出台的，公布以来共修改了 36 次，这说明在 20 世纪 40 年代，日本的学校管理就已经纳入了依法管理的轨道。该法的出台很早就为学校管理者提供了依法治校的系统根据，而我国在这方面显然发展不够充分。当然，我国教育立法是一个从微观到宏观、从部分到整体的过程，前些年出台了关于幼儿园、小学、中学等的管理规章，在这些不同层次学校的法律、法规和规章的基础上，制定一部系统的中国学校教育法是可行的。

建立完备的教育法制，实现依法治教、依法治校，这是我国教育事业改革与发展的客观要求，也是我们总结历史上的经验教训而得出的深刻结论。根据我国政治法律制度的现状，一个健全的教育法制应以一套完备的教育法律法规为核心，包括相应的法律文化在内的法律系统。这是一个以行政法为主体，与民法相配合，辅以必要的刑法手段，并以其他法律手段为适当保障手段的完整的法律调控机制。

这样一个法律机制应当有如下七个基本特征。

第一，有完善的法制保证贯彻国家对于中小学教育的基本方针、原则，明确教育的地位和作用，规定教育的根本任务，使中小学培养目标、规格及其基本的管理制度规范化，为教育行政管理提供明确的依据和目标。

第二，有完善的法制保障公民的受教育权利和全面发展的权利，使之不受任何机关、组织和他人的侵犯。在公民受教育权利受到损害时，有相应的法律措施予以救济。

第三，有完善的法制保障学校的教学环境和教学秩序，改善办学条件，保护学校、教师和学生的合法权益。

第四，有完善的立法制度和包括法律、行政法规、地方性法规在内的比较完善的教育法律体系，保证教育工作的各个方面都有法可依，不同法律效力的法律规范协调发展，真正发挥其调节作用。

第五，有明确的法律责任规定，有效地保护教育事业的健康发展，追究并处理违反教育法的行为。

第六，有完善的法律监督制度，对教育法的实施情况进行有效的监督，同一切违法与犯罪行为做斗争。

第七，有与现代法治社会相适应的法律文化，维护教育法所体现的价值原则，革除人治时弊，力促观念和思维方式的更新与转变，使现代社会的教育观念、法律观念融入人们的行为，形成实施教育法的良好氛围。

### （二）严格教育执法，做到有法必依，这是依法治校的关键

建立严格、公正的教育执法制度，培养高素质的教育执法队伍，保证教育执法的实效性。制定法规固然重要，但法规的实施更为紧要。立法需要执法，有法可依还必须有法必依、违法必究。否则，法律的尊严和权威就难以维护，所制定出来的法律很可能成为一纸空文。

为保证教育法规的顺利实施，必须做好宣传工作，加大宣传力度。教育法规一经公布，教育行政部门的各级领导就要及时组织广大教育工作者认真学习，深刻领会其精神实质，同时要积极做好宣传工作。因为贯彻执行教育法规绝不只是教育部门的事，而是全社会的共同责任。为此，必须充分利用各种新闻媒介宣传教育法规，通过"广播电视""板报""知识竞赛"等灵活多样的形式，加大宣传力度，使之家喻户晓，深入人心，使守法的主体即公民和社会组织做到知法、懂法、用法、守法。领导干部更要当好群众的表率，要认真学习教育法规，提高法律意识，增强法制观念。要真正懂得，在社会主义市场经济的新形势下，不善于运用法律手段来管理教育事业，就不是称职的干部，就领导不了现代化建设。教育系统的各级领导干部还要更新观念，改变过去那种主要靠"红头"文件和行政管理教育的模式，学会并善于运用法律手段来管理教育。从某种意义上讲，领导干部能否自觉遵守法律将直接影响群众的守法水平。这正如古人所言"其身正，不令而行；其身不正，虽令不从"。所以，领导干部一定要做守法的模范，自觉维护法律的尊严。

教育法规的实施仅靠宣传和自觉遵守远远不够，还必须充分发挥法律的强制性作用，严格执法。我国的教育执法是一个比较薄弱的环节，其突出表现就是执法不够严格。社会上出现的拖欠教师工资现象、一些地区儿童失学现象等就和教

育法规的执行不严格、不够坚决有直接关系。今后必须在严格执法环节上狠下功夫，花大力气来抓，这是依法治教的关键所在。根据教育法规的有关规定，政府机构、教育行政部门和行政工作人员要明确自己的职责、权限，做到各司其职，各负其责，依照教育法规的内容和实质办事。执法人员要加强教育执法的主动性，对违法者要依法追究其法律责任，做到有法必依。在具体执行教育法规时，要注意遵守法规形式的效力原则，因为不同形式的法规其法律效力不尽相同。例如，宪法是国家的根本大法，其法律效力最大，其他一切教育法律、法规都不得与之相抵触；教育法律的效力次于宪法；教育行政法规的效力又次于教育法律，但高于教育规章和地方性教育法规；教育规章的效力又高于地方性教育法规。所以，在运用具体法规时不能超越其效力范围，否则是无效的，甚至是违法的。在执行教育法规时还需要辅以强有力的行政措施，它是国家行政机关执行教育法规时所采取的步骤和方法，但所采取的行政措施必须是合法而又切实可行的。此外，教育法规的执行要充分发挥乡规民约的作用，这样可以促使群众共同遵守教育法规。

## （三）加强教育法规的执法监督，做到违法必究，这是依法治校的重要保证

要保证教育法规的顺利贯彻实施，实现依法治教，就必须建立健全法律监督机制，加大监督力度，对教育法规的执行进行有效的监督，这是实现依法治教的重要保证。

教育法规的监督就是对宪法中规定的有关教育的条款、教育法律、教育行政法规、教育规章在全国范围内的统一监督，以及对地方性教育法规、规章在本地域范围内的正确适用、遵守、执行进行的监督。要加强教育法规的执法监督，就要充分发挥权力机关监督、行政监督、检察监督、党的监督、审计监督、群众监督和社会监督的作用，要使各种监督手段形成一股强劲的力量，保证监督做到经常化、制度化。特别要充分发挥各级人民代表大会的法律监督作用，各级教育部门和其他有关部门要配合同级人大机构做好严格的监督检查工作。在教育法规的监督上，教育督导的作用也不容忽视。我国之所以建立教育督导制度，就是为了加强对教育工作的行政监督，其主要任务在于对下级人民政府的教育工作和下级教育行政部门与学校的工作进行监督、检查、评估、指导，保证国家有关教育的法规、方针政策的贯彻执行和教育目标的实现。通过督导机构的专门监督、视察、指导，可以充分发挥对教育法规实施的行政监督作用。对于违反教育法规的行为，督导机构有权予以制止。因此，各级督导组织、督导人员可依据我国的《教育督导暂行规定》，认真履行其职责。

加强教育法规的执法监督，需要对违法者依法追究其法律责任。法律面前人人平等是我国社会主义法制的一条重要原则，教育法制同样必须遵循这一原则，对于违法者，无论是谁，不论其职务、级别，都要依法追究其法律责任，绝不允许任何人凌驾于法律之上。要实现依法治教，不仅需要依靠司法机关、教育行政机关，还必须依靠社会团体和广大人民群众。教育法规只有受到全社会的高度重视、自觉遵守和强有力的监督，全面依法治教才能早日实现。

### （四）理顺各种关系，依法保护各方面的合法权益

政府要增强教育行为，加大对教育的投入，落实各项教育法律法规和政策，优化教育外部环境，整治社会向学校伸手的现象。要切实减轻中小学不应有的社会负担，减轻学校社会性事务的压力。教育行政部门要转变管理方式，下放权力，依法行政，由微观管理向宏观调控转变，进一步落实学校的办学自主权，学校与校办企业、教师、学生及家长等明确法律关系，明确各方面的权利和义务，避免因法律不明而产生法律纠纷。在教育法律关系主体遭受不法侵害时，学校要拿起法律武器，依法维护自己的合法权益。

### （五）改革教育体制，增强办学活力

在目前政府教育行为能力不足的情况下，必须充分调动全社会关心、支持教育事业的积极性，吸纳社会对教育的投入，改善教育资源配置结构，增强办学活力。这是社会主义市场经济发展的必然趋势。在条件允许的地区，政府可采取社会与学校联合办学、股份办学、租赁制等多种形式，让教育资源进校门，使一部分学校先富起来。同时，政府应加强对薄弱学校的扶持，力求各级学校有平等享受教育资源的机会。

## 二、加强中小学校自身的法治建设

### （一）学校管理者应树立依法治校观念

学校管理者能否树立明确的法治观念，认清依法治校的必要性和迫切性，是学校实施法制化管理的前提和基础。学校管理者应该把依法治校上升到依法治国的高度，并作为其重要组成部分来认识。

首先，中小学校长要增强法律意识。学校是育人的地方，作为一校之长，他的法律意识直接影响着教师的法律意识，教师的法律意识影响着学生及其家庭的法律意识，所以强化校长的法律意识关系到整个社会的法制进程。随着改革开放

和经济建设的深入发展，我国中小学校长的经济意识、市场意识、竞争意识、教学意识等有所增强。但是，其法律意识没有相应增强，相当一部分校长法律意识淡薄。国家施行依法治教，对学校的依法管理和对学校内部的依法管理，要求作为学校主要负责人的中小学校长必须强化法律意识。没有法制观念，不依法办事，国家的教育任务就无法完成，教师的权利和义务就得不到保障，学生的受教育权就不能实现。因此，强化校长的法律意识不是可有可无的，而是依法治校的需要。

可以通过校长岗位培训来强化校长的法律意识。中小学校长的岗位培训是按照岗位规范的要求，在校长现有政治、业务素质的基础上进行的。通过培训，校长应该具备管理学校的马克思主义理论水平、基本政治素质、专业知识和工作能力。这是取得任职资格的定向培训。校长岗位培训应把《教育政策法规》作为必修课程。通过对《教育政策法规》的学习，校长应提高对依法治校重要意义的认识，增强法制观念，初步掌握法的基础知识。了解民法、刑法，能够比较准确地分析和理解教育法规；了解中小学教育涉及的其他法律知识，能够掌握依法管理学校的方法，懂得依靠法律维护学校和师生的合法权益。校长岗位培训可以切实提高广大校长的法律意识，从而带动学校的各项工作。法国、日本的校长任职条件中规定了校长必须通过教育法的短期培训方可上岗。

其次，教师要自觉增强法律意识。党明确提出了"增强全民的法律意识"的要求，广大教师无疑应当在这方面发挥带头作用。除了作为国家的根本大法和教育基本法之外，与中小学教师职业行为密切相关的还有一系列的法律法规。对于每个教师来说，认真学习、掌握和贯彻这些法律法规无疑是十分重要的。在这个过程中，教师应当明确自己依法承担的重大历史使命，自觉地忠诚于人民教育事业；应当增强法律意识，懂得不履行义务或违背法律规定，教师应该担负什么责任。这样才能促进自己在教育实践中更自觉地端正行为方向。

### （二）加强教育法制宣传

目前，我国有关教育发展、中小学校管理的各项法律、法规陆续出台，为中小学依法治校提供了最基本的依据。广大师生员工知法懂法是依法治校的前提，因此教师应避免学校违法必须在教师中普及法律知识，学会用法律来判断、分析教育现象，处理教育教学和管理中的实际问题。

由于学校干部是学校的管理者和决策者，是教育教学活动的主要组织者，更需要学习法律知识，增强法律意识。普及教育法律的重点是普及教育法律法规及与教育有密切关系的法律。普及教育法律要结合教育工作实际，引导广大干部、教师树立法制观念，改进工作方法，改变工作作风，转变思维方式、行为方式和工作方式，实施素质教育，推进民主管理。针对有些同志对法制教育认识不足的状况，可以组织学校领导与教师认真学习党的"依法治国""以德治国"方略。

对学生进行法制教育必须遵循学校教育和学生成长的规律，采取多种形式，分层实施，这样才能提高教育效果。

首先，坚持上好法制课，系统传授法律知识。在小学三年级以上学生中开设法律常识课，并列入课表，保证做到有计划、有课时、有教师、有教材，并密切联系学生思想实际，使学法、用法成为学生的自觉行动。根据中小学生的身心特点和认识水平由浅入深地分阶段、分层次施教。小学阶段主要进行法律常识的启蒙教育，使其初步了解与日常社会生活密切相关的法律常识，从小养成遵纪守法的良好品德习惯；初中阶段重点学习与日常行为有关的重要法律法规，提高学生遵纪守法意识；高中阶段主要学习法律基本理论和知识，帮助学生树立宪法权威的意识和依法享有公民权利、履行公民义务的观念。还可以按教学大纲和教材的要求，有计划、有系统地对学生进行基本的法律常识教育，帮助学生树立法律意识和法律观念，增强学生分辨是非的能力，提高遵纪守法的自觉性。

其次，加强学科渗透，深化法制教育。在各学科教学中有机地渗透法律知识，是对学生进行法制教育的重要渠道。中小学教师在教学中结合本学科特点，有意识地渗透法律知识，使学生在学习科学文化知识的同时受到法制教育。例如，在小学，结合思想品德、社会和语文等学科的教学，渗透《中华人民共和国义务教育法》《中华人民共和国国旗法》《中华人民共和国未成年人保护法》及《小学生日常行为规范》等知识，在中学，重点渗透社会主义民主与法制的教育，使学生了解我国的宪法和其他有关法律法规。

最后，巩固课外教育阵地。一是运用各种教育阵地进行宣传。不少学校创建了校园电视台、广播站，校报、校刊，开办了法制专栏或专刊，通过影视、录像、幻灯、图片、编排校园系列短剧等，重点宣传法制内容，收到良好的教育效果。有些学校还开办了业余党校、团校、少年法制学校、雏鹰普法学校等，组织学生学习法律常识；学校的德育工作也应该设有法制教育版块，定期对学生进行教育，增强学生的遵纪守法观念。二是开展多种形式的教育活动。举办主题班队会，模拟法庭，开展社会调查、知识竞赛、社会实践等活动，是学校开展法制教育的重要形式。目前，青少年犯罪依然是严重的社会问题，加强对青少年进行法制教育是解决问题的重要途径。

在宣传教育的过程中，校领导要率先垂范，带头学法，使校园内从管理者到广大教师和学生都了解掌握相关的法律法规，从而为管理者依法实施学校管理、教师依法从教奠定基础。

### （三）正确处理法与国家政策、法与学校规章制度的关系

在实施依法治校的过程中应消除非此即彼的错误认识，即不能简单地认为依法治校就排斥学校管理中的政策性规范及领导者发挥工作主动性制定的各项具体措施。实践证明，国家政策只要和法律相一致，就要贯彻执行，学校的规章制度只要和法律不矛盾，也要继续遵守，而且它们是对国家法律的有效支持，会对学校管理产生推动作用，是绝对不可偏废的。有些政策性的东西可提升为法律规定，有些法律还应制定具体措施落实。仅靠法律或仅靠政策措施都不行，二者必须相辅相成。例如，协调学校与家长、学校与社会关系时要签署相关的合同。学校对教师、学生等进行管理时，可把法律、法规延伸，制定规章制度，将法制能动地与学校内部规章制度相结合。依法治校体现了法治精神，强调了依法办事，并不排斥在学校管理中运用经济手段、行政手段及其他手段。

### （四）建立健全中小学依法治校的管理体制

要把依法治校落到实处，必须建立健全依法治校的管理体制。

第一，遵守法律程序，依法设立学校。《中华人民共和国教育法》明确规定，设立学校必须具有以下四个基本条件：第一，有组织机构和章程；第二，有合格的教师；第三，有符合规定标准的教学场所及设施、设备等；第四，有必备的办学资金和稳定的经费来源。

第二，制定《学校章程》，统领学校管理。依法管理学校各项事务是依法治校的核心内容。由于涉及学校教育的法律、规章及有关政策众多而零散，如何系统地归纳指导工作，规范办学行为，中小学校应根据《中华人民共和国教育法》制定《学校章程》。《学校章程》是保证教育法律、法规及政策在学校贯彻落实，保证学校教育教学活动正常运行，根据办学性质、办学宗旨、发展目标、培养目标、学校内部管理体制及运行机制、党的监督、教工民主管理、行政管理、校内申诉与调解、学校决策程序等重大问题做出的全面规范的、自律性的基本文件。它是中小学校内的"教育法"，是依法管理学校的总纲。我国学校章程的制定工作起步较晚，1995年，制定学校章程在《中华人民共和国教育法》中正式提出来，并把它作为设定学校的基本条件之一。《中华人民共和国教育法》颁布之后，学校章程的制定工作仍然进展缓慢。很多学校都已形成系统的学校规章制度，但是没有依法制定规章制度的母法——《学校章程》。

《学校章程》有两个鲜明的特点：①它是学校的"基本法"，属于"母法"，学校的一般规章制度是学校章程的"子法"。②它的制定，除报请学校主管部门

的核准外，重要的是要得到全体教职工的同意，因此它有较强的自律性。

制定《学校章程》，以"章"治校，是依法治校的内在要求。《学校章程》不仅规范了全体教职工的行为，还是教职工监督校长的重要武器。《学校章程》及与其相配套的各项规章制度使学校各方面的工作和各级各类人员岗位职责置于统一规范和要求之下，它是一种约束机制，采取这种机制可以强化学校的科学管理，推进学校自主管理、自我发展运行机制的形成。校长要正确理解依法治校，有些校长认为依法治校就是建立健全学校的各项规章制度，然后坚决地、严格地执行这些规章制度，任何人包括校长在内都不能违反，这样似乎就达到了"有法可依、有法必依、执法必严、违法必究"的法制建设基本要求，从而使学校工作走上了法制化、规范化的轨道。这种认识是错误的，至少是片面的，因为依法治校的首要要求就是合法性，如果学校制定的规章制度中有不合乎法律要求的条款，那么对规章制度执行越坚决，违法现象越严重。

第三，责任到位，各司其职。依法治校需要全体员工的共同努力，各职能部门及所属员工要严格依照法律规定履行各自的职责。学校的保卫部门应依法保护广大教师学生的人身权、财产权，维持正常的教学秩序；学校的教务部门应依法招生、颁发文凭，监督管理不同层次的教学工作；财务、后勤和基建等部门应依法管理学校的一切物质财产；人事部门应依法搞好教师的进选任用、职位聘任、培养培训、考核奖惩工作；学生管理部门要依法做好学生的思想政治工作，严禁教师打骂、体罚学生。

第四，理顺学校监督体制。《中华人民共和国教育法》第三十一条明确规定："学校及其他教育机构应当按照国家有关规定，通过以教师为主体的教职工代表大会等组织形式，保障教职工参与民主管理和监督。"教职工代表大会是教职工参与学校内部管理活动，行使民主管理和监督权利的基本组织形式。不论是国家举办的学校，还是社会力量举办的学校，都应根据国家的法律、法规和政策的规定，通过教职工代表大会、监事会等形式，保障教职工对学校管理活动进行监督，以确保学校管理活动的顺利有效开展，提高教育质量。加强学校内部监督，是全面实现依法治校的重要条件。

# 第四章 中小学依法治校与学校管理

## 第一节 中小学依法治校与科学运作

### 一、增强依法治校的动力

依法治校需要有动力源，这直接关系到依法治校的积极性，关系到依法治校的社会关注度，关系到依法治校的进程和方向。不从根本上解决依法治校的原动力，依法治校工作就很难发展，甚至会陷入歧途。

有的学校将依法治校视为一项政治任务，一种上级下达的指令性工作，开展依法治校是为了完成政治任务和工作任务；有的学校将依法治校作为学校争先创牌的机会，想在依法治校工作上做出成绩，为工作实绩增加色彩；有的学校将依法治校看作改变学校现状和维护个人利益的跳板，一旦学校的突出矛盾解决了，自己的利益实现了，就将依法治校工作放在一边，再也不会给予更多的重视；更有个别学校将依法治校作为管人、整人的工具，专门拿法律武器对付教师和学生。

学校生存的社会环境发生变迁与社会的外部关系日益密切。同时，学校内部管理的难度加大，各种关系变得扑朔迷离，教师和学生维权的呼声日益高涨。面对纷繁复杂的学校外部和内部的各种利益矛盾，面对包含行政法律关系、民事法律关系等在内的各种教育法律关系，如果仍然习惯于依靠传统的思维和手段处理，那么结果不但会导致矛盾纠纷的增多，而且使学校自身的合法权益也难以得到保障。

## 二、健全依法治校的标准

依法治校体现的是一种法治精神，强调的是依法办事。对中小学来说，依法治校有其具体标准和要求，有的学校却自我理解、自立标准，与国家的标准和要求不同，在做法上存在偏差；有的学校随便发一个文件组成所谓的依法治校领导小组，其实并没有形成依法治校的专门工作机制；有的学校制定了不少规章制度，但这些规章制度主要是设置条条框框，对违反规章制度者进行狠批严罚，忽略了依法治校的核心应以人为本，保障教育者的工作权、受教育者的学习权；更有个别学校，全部照搬别的学校依法治校的方案、制度和做法等，不做修改，其实并不符合学校实际。由此可见，依法治校在一些学校的具体实施被异化了。

依法治校不能随心所欲，要遵循一定的客观标准。2003 年 11 月 6 日颁发的《教育部办公厅关于开展依法治校示范校创建活动的通知》明确指出，依法治校的标准有八条，即管理制度完善健全，依法制定学校章程、办学活动依法规范，民主管理机制健全，教师权益受到保障，学生权益得到尊重和维护，法制宣传教育成效明显，依法治校工作机制健全。这八个方面有机统一，构成了依法治校的整体。严格按照八条标准认真对照，逐一落实，才是真正意义上的依法治校。从各地总结的经验看，中小学依法治校应以法制教育为基点，以明确职责为抓手，以依法管理为重点，以日常监督为保障，积极推动和全面落实依法治校的各项措施。

## 三、明确依法治校的重点

许多学校在依法治校中存在的种种矛盾和问题的根源在于领导，尤其是校长。有些学校领导对依法治校的重要性、紧迫性认识不足，依法治校工作停留在一般号召上，缺乏强有力的办法和措施。有的学校领导以工作太忙、挤不出时间学习为由，不按规定参加法律知识培训。造成这种情况的主要原因是将"治"的对象和重点看作学生和老师，而将自己置于旁观者的位置。

从对象上看，依法治校涉及"治"的重点应是教育者和管理者，只有治好了教育者和管理者，依法治校才能真正落到实处，才能营造出一个和谐发展的法治校园氛围。因此，依法治校的治理重点是校长以及学校的其他领导。校长和领导要学法、懂法、用法、守法，为人师表，才能够影响、教育老师和学生，真正做到依法治校。依法治校要抓重点，要强调学校领导的表率作用，对学校领导违反学校规章制度的行为，如管理决策违反了必要的程序，处理教师和学生明显随意等，要严肃处理，否则依法治校就是一句空话。

## 四、规范依法治校的程序

学校在依法制定学校的规章制度时操作不当，主要有以下情况：规章制度的制定没有征求广大教师的意见，尤其是事关学校改革、发展和管理中的重大事情的规章制度没有经过教职工代表大会；涉及学生利益的规章制度没有听取学生和家长的意见，制定出来的规章制度没有体现学校的整体利益，没有反映广大教师和学生的切身愿望；在处理学校事务，尤其是在对教师和学生做纪律处分时，没有按照法定的程序进行，最终导致程序上的不合法，学校得不到广大教师和学生的支持。

现代学校依法治校有实体和程序两方面的支撑，管理的实体性要与管理的程序性要求同样重要和必要。实体管理解决的是学校管理的具体内容，保护的是教职员工的具体权益；程序性管理作为实体性管理的保障，解决的是如何保障管理的顺利进行和权益的切实维护。

学校在依法管理中要切忌重实体性程序、轻程序性程序，做出的任何决策、处分以及开展的任何工作，都要严格按照程序规范进行，并接受大家的监督。

## 五、把握依法治校的要点

依法治校要求学校必须依法取得办学权。在我国，按照举办者分类，学校可以分为公立学校和民办学校，前者属于国家设立的公共教育机构，后者属于社会力量使用非国家财政性经费设立的公益教育机构。两类学校必须依法取得办学权，如果超越法定的学校办学权限，其办学行为即为不合法，当属无效。依法取得办学权后，学校在办学过程中必须依法运行。目前，许多学校在探索依法治校的过程中，面临着如何制定依法治校的工作方案及如何组织实施方案的突出问题。综合对以上依法治校中的认识误区剖析，依法治校的具体运作可从以下三个方面把握。

### （一）建章立制，依法制定学校内部的有关规章制度

实行依法治校，从国家层面看，要有完整系统的法律法规，从学校层面看，要制定好规章制度。学校的规章制度是学校为维护正常的教育教学秩序而依法制定的、教职员工应共同遵守的行为规则和办事规程。在具体操作中，依法治校势必要高度关注国家的法律法规和学校的规章制度问题。因此，学校除了严格遵守国家的法律法规和行政规章，还应结合学校的实际，制定符合本校实际，能够解决学校改革、发展和教育教学中的矛盾和问题的规章制度。因此，应从四个方面入手。

第一，清理现有规章制度，其目的是处理好学校规章制度与国家法律法规的关系。依法治校是指学校管理教育教学活动和师生的行为必须符合法的规则与法的精神，不能与国家现有的法律法规和行政规章相违背或抵触。因此，在依法治校时，首先要对学校现有的校纪校规进行一次系统清理，与国家法律法规相抵触的校纪校规予以及时清理、修改，保证与国家法律、法规和规章的一致性，符合依法治校的精神和要求。

第二，依法制定学校章程，其目的是确定学校的组织规程和活动准则。学校自主办学是指依法按照学校章程自主办学。章程是学校的组织规程和活动准则，是学校依法制定规范学校办学宗旨、内部管理体制及教育教学、人事、财务活动等重要制度的自律性文件，是学校行使自主办学权的具体规则。《中华人民共和国教育法》规定学校必须有章程，学校章程在教育法律规定的范围内必须结合本校实际。由于历史原因，除了民办学校，现在绝大部分公立学校没有将学校发展目标、重大决策通过章程明确和稳定下来，既不利于学校自主办学和自我发展，也不利于有关社会依法监督学校的办学行为，同时不符合依法治校的规定，必须尽早改变。

第三，构建学校规章制度体系，其目的是保证学校管理有章可循。现有的法律法规和行政规章没有也不可能涵盖学校事务的所有方面，学校可制定规章制度进行管理，通过内部的制度加以具体化。学校应以法律的视角审视学校的行为，将管理制度覆盖到学校管理的各个层面，包括教育、教学、教师、学生、安全、财务、分配、物资采购、基建、后勤、校务公开、校务监督等。真正意义上的依法治校，体现在学校的规章制度是管理完整、配套完善的规章制度体系。

第四，学校规章制度的创新，其目的是保证规章制度能够解决实际问题，与时俱进。不少学校在开展依法治校的活动中形成了科学的经验和成功的做法，这是非常宝贵的财产，需要学习和借鉴。同时，要以发展的眼光看待法制内涵的更新，以改革的精神拟定规章制度，结合本校实际，通过集思广益进行规章制度的创新，通过与时俱进的规章制度引导学校的改革与发展，调动教职员工的积极性。

## （二）校务公开，发动教职工群众参与民主管理和民主监督

在依法治校过程中，学校应通过推行校务公开制度加大全校教职员工对学校工作参与和监督的力度，发动教职员工积极参与民主管理和民主监督，密切党群、干群关系，调动干部和教师的积极性，有效地维护广大教职员工的合法权益；深化内部管理体制改革，规范办事行为，提高广大干部和教师依法治校、依法治教的自觉性；树立干部教师公正、高效、廉洁、服务学生、奉献社会的良好形象；

加强学校与社会各界的沟通，调动社会各界支持学校的积极性，推动教育教学事业的改革与发展。

一是建立健全校务公开制度。明确校务公开的范围和要求。除党和国家机密、法律规定、按学校规定需要保密的事项之外，凡是涉及学校改革、发展、建设的重大决策，事关教职员工民主权利、切身利益、群众关心的热点问题的政策规定等事项以及上级部门要求公开的事项，原则上都应公开。校务公开的形式要因事制宜、灵活多样、便捷实用，多渠道、分层次地公开，根据不同内容，采用不同方式，在不同范围内公开。主要采用会议、公文、校务公开栏、新闻媒体、校园网等形式。对常规性的工作在学期初、学期末定期进行公开；对阶段性、临时性的工作，重大事项和群众关心的热点问题及时进行公开。

二是建立健全校长办公会等学校决策机构的议事程序制度。健全的议事程序规则是保证学校民主决策、科学决策和依法决策的重要机制。为了克服重大决策出现学校领导"拍脑壳"的"人治"的现象，学校应建立健全校长办公会等学校决策机构的议事程序制度，征求党组织意见，集思广益，集体讨论决定。

三是建立健全重大事项的议事程序制度。学校做出有关教职工和学生重大权益的决定应避免随意性。例如，教职工奖惩办法、分配制度等涉及教师权益事项的制度，不能只由校长或少数领导讨论决定，而应发动广大教职工群策群力，共同参与，提交教代会讨论；涉及学生权益事项的制度要征求学生和家长委员会的意见。学校要让全体教职工和学生通过教代会、工会、家长委员会等民主途径，全员、全过程地参与到学校规章制度的制定中，让他们感到学校的规章制度来自于自己的意志，从而有利于共同遵守。

四是规范学校各项管理制度的形式要件。学校规章制度是学校的文件，应符合学校文件的发文形式。学校所有的规章制度均应以学校的名义发布，有条件的学校可以把学校管理制度汇编成册，以便周知。学校也应组织师生员工认真学习教育法规和学校规章，提高认真贯彻执行的自觉性。

### （三）细化操作，维护教职员工的合法权益

现实生活中，学校、学生、教师之间难免会因为学校管理不当产生各种利益纠纷，依法维护学生、教师的合法权益构成了学校依法治校的重要内容。对教职员工来说，维护自己的合法权益涉及法律意识的树立、具体权益的知晓和维权方法技能的掌握等三方面内容。对学校来说，应细化操作，从程序和实体两方面维护教职员工的合法权益。

一是学校做出具体管理行为的主体要合法。凡是涉及学校、学生、教师权利

义务的决定，如给学生的退学、给教师的处分或者奖励等行政决定等，必须由校长以学校的名义做出，学校的普通工作人员和教师未经校长授权不能以学校名义做出对学生或者教师的处理决定。

二是学校实施的具体管理行为的内容要合法合理。处理决定不仅要有事实根据，还要以法律法规和学校的规章制度为依据，而且要合情合理。没有事实根据，没有法律法规或者学校规章制度的依据，学校不能做出处分决定。

三是学校实施具体管理行为要符合程序公正的原则。学校做出处分学生或教师的决定要遵循先调查后做出决定的基本程序。对超过处理时效的违纪行为不得进行处理；做出处分决定之前，要把处分决定的内容告知学生和教师，以听取学生和教师的申辩，申辩不得加重处分。涉及学生和教师重大权益的处分，在做出决定之前，应实行校内听证制度。凡涉及学校重大权益、合理回报、教师和学生奖励或处分等决定都应公示。

四是学校的处理决定要符合规定的形式。学校重大处理决定要经校长办公会以学校文件的形式做出。涉及教师和学生的处理决定要送达本人，并要告知被处分的学生和教师享有不服处分决定的申诉权利或者诉讼权利。

## 六、依法治校的具体案例——以深圳外国语学校为例

### （一）提高认识，明确依法治校在学校工作中的重要位置

依法治校是依法治教的重要组成部分，是实施依法治国战略对学校工作提出的新要求，是实现教育为人民服务，建立现代学校制度，全面推进素质教育的基础性、根本性工作。依法治校是现代学校管理中的重要原则，国家的法律法规、教育政策以及学校内部健全的规章制度和管理机制是学校赖以正常运转的必要条件。

一是深圳的立法权和开展依法治市试点的大环境，赋予了该校必须依法治校的客观条件和内在要求。从1993年起深圳就是广东省依法治市的试点城市。在此大背景下，作为一所刚刚诞生的新学校，校领导一开始就从贯彻落实依法治国、依法治市战略的高度，树立了依法治校的理念，增强了依法治校的意识。校级领导在依法治校上保持着高度一致，认为依法治校是社会进步的必然进程，是学校实现长治久安的必由之路，明确了依法治校、以德立校的治校思想，实实在在地想把依法治校做得更规范、更显实效。因此，教育教学管理和办学活动采取依法治校对学校教育教学改革和推动学校发展具有重要意义。学校任何决策的出台应寻找其法律依据；对教师、学生以及其他人员的管理以及教育教学活动的开展要

坚持依法进行。校长龚国祥自 1999 年起兼任深圳市人大常委会委员，既为深圳市的立法工作和执法监督提出了不少合理化意见和建议，又始终不忘把依法治市的理念运用到学校管理和教育教学活动之中，把人大立法、执法监督、依法办事的好做法、好经验借鉴到学校，用以指导学校的办学活动，为深圳市的法制建设和依法治市工作做出了积极贡献。

二是制定《深圳外国语学校依法治校实施方案》，成立依法治校工作领导小组。2003 年，教育部《关于加强依法治校工作的若干意见》（教政法〔2003〕3 号）出台，2003 年 11 月学校制定了《深圳外国语学校依法治校实施方案》（深外校〔2003〕11 号），明确了学校依法治校工作的指导思想、工作目标、工作任务和工作措施，组建依法治校领导小组，定期研究，建立和落实依法治校工作责任制。校长、党委书记龚国祥担任依法治校领导小组组长，副校长、党委副书记汤佳宏和副校长黄海强任副组长，由黄海强具体分管学校法制教育和依法治校工作。

### （二）切实强化法制教育，提高师生的法律素质

加强学校法制教育、提高干部师生的法律素质是推进依法治校的基础，也是依法治校的重要工作任务。学校长期坚持多种形式的法制教育，在全校形成了学法、懂法、守法、用法的浓厚氛围。

一是坚持有重点、分层次、全方位的原则，普遍开展法制教育。"有重点"，领导干部的依法行政水平是依法治校的关键。学校一直把抓好校领导班子的普法学习作为普法工作的重点，领导坚持带头学习法律知识，增强法律意识，积极参加各级教育主管部门组织的法制培训。黄海强先后参加了教育部于 2004 年 2 月 16 日至 20 日在国家教育行政学院举办的"行政许可法暨依法治校培训研讨班"、广东省教育厅 2004 年 3 月 8 日至 12 日举办的"中小学法制副校长培训班"。"分层次"，即把普法学习的对象分为领导干部、专任教师、教辅后勤人员和学生四个层次，分别提出具体的学习内容和要求。"全方位"，即经常组织法制宣传和学法用法活动，利用多种形式和师生易于接受的方式开展生动活泼的法制教育，采取包括组织专题讲座和讨论会、组织普法知识考试、制作普法宣传橱窗、播放录像、发放学习书籍进行自学等多种形式，还充分利用电视、广播、校园网等各种媒介，增强普法教育的渗透性，使普法观念深入人心。2002 年下学期，学校组织全校学生到深圳市中级人民法院观摩庭审，回校后，举办了"模拟法庭"班会公开课，深圳电视台等媒体进行了专题报道。2003 年以来，学校把教育部政策研究与法制建设司汇编的《现行教育法规与政策选编》《教师法治教育读本》发给全校每一位教职员工，把深圳市教育局编印的《常用教育政策法规文件选编》发给每

一位校领导。2004 年 8 月 25 日至 29 日，学校举办了教师暑假学习周，邀请法学专家、广东外语外贸大学法学院教育法制研究所所长张永华和广东省教育厅政策法规处邵允振专门为全校教职员工做了关于依法治校的辅导报告，增强了全校教职工的"依法治校"意识，在校内营造了良好的法制氛围。

二是把法制教育列为学生必修课。从 1995 年起，学校就把法制教育列为必修课，在初二年级政治课开设了《法律常识》，讲授《深圳市中小学法制教育读本》，每周 2 课时，全学年达 80 课时以上，使法制教育更加规范化。从 2002 年下学期起，在初、高中年级第二课堂开设"小小律师"活动课，每周 1～2 课时。每学期开学后的第二周为全校"安全教育周"，有针对性地确定不同教育主题，对学生进行各类法律法规教育，提高学生的法律素质。每个学期还安排"毒品预防教育周"。在上好"禁毒知识一堂课"的基础上，各班举行"远离毒品，珍爱生命"的主题班会，积极参加和开展"五个一"禁毒宣传教育活动，使全校学生普遍受到毒品预防教育，增强防毒、拒毒意识。

三是与税务部门共建"少年税校"。为加强税收法规和政策的宣传教育，增强学生的税法意识，培养诚信纳税的未来主人翁，自 1998 年起，学校与深圳市国税局第一稽查分局共建"少年税校"，在学生中开展"学税法、知税法、懂税法"活动，不断创新税法的宣传方式和方法。税务人员定期为学校师生开展《税法》知识讲座，结合社会上典型的偷逃税案件对师生进行知法守法教育，在学生中开展有奖征文，组织学生走上街头宣传《税法》、发放有关税收法规和政策的宣传资料，提供法律咨询服务等，既使学生受到深刻的税法教育，又使税法走进社区，走向基层，不断深入人心。

### （三）依法建立健全管理制度和管理机构，完善学校管理体制

把依法治校落到实处必须建立依法治校的管理体制。通过长期的学习和建设，目前学校内部管理体制顺畅，部门职责明晰，能够较好地实现校长负责制和依法治校的管理需要。

一是依法健全学校管理制度，使之得到切实有效的执行。学校从教育教学、财务、教师、学生到后勤、安全等各项常规管理制度都十分健全；学校工会章程、学校社区教育委员会章程、家长委员会章程等都很完善；校长办公会、总支委员会、行政会、教职工代表大会和教职工大会等各种会议和组织机构的职责权限、议事规则也都健全而有效；形成了相互配套的制度体系，保证了学校管理有法可依，有规可循。各项管理制度的制定严格依据国家有关的法律法规和教育政策，同时结合学校的实际情况，并随着国家法规和政策的调整而不断修订。为了增强

规范性，学校制定了严格的文件起草、审核、制定、下发的有关制度，并定期制定管理制度、文件资料的汇编，下发至各个部门，保证了各项规章制度的顺利实施、有效执行。

二是依法完善和优化管理体制，对学校工作进行卓有成效的决策、计划、协调和实施。学校从有利于全面落实学校管理目标考虑，从有利于依法治校的要求出发，坚持民主建设与法制时间相结合，依法确立了"校长责任制、党总支监督保证、教代会民主管理"，集体领导与个人分工负责相结合的管理体制，提出了"决策有序、制度严格、运作规范"的总要求，校长、党总支、工会、行政处室、年级组、学科组等组织机构健全，职责分工合理，工作要求明确。工会、团委、学生会等群众组织和教职工代表大会、家长委员会等制度健全，并积极发挥作用。学校建立了三级行政管理机构：在校长全面负责制下，设置办公室、教务处、学生处、科研处、总务处等中层管理机构，校长、副校长和中层各处室主要负责人组成学校行政领导班子；在中层管理组织下面又分块设置了学科教研组、年级教研组、教改实验组、课外活动指导组、后勤生活组、物业管理办等若干基层管理单位。校长具有校内管理的决策权、指挥权，同时赋予中层以重任，部门职、责、权统一，在校内营造了团结共进、相互合作、协调共享、荣辱与共的人际环境和工作环境。

### （四）坚持和完善民主管理、民主监督制度，全面、及时实行校务公开

学校把加强学校民主管理，接受民主监督，实行政务、校务公开作为依法治校的重点和进一步完善学校内部管理体制改革的基础性措施来抓。

一是完善以教代会为基本形式的校内监督机制。建校起，学校就依法建立了教职工工会和教职工代表大会，切实保障教职工参与学校民主管理和民主监督的权利，保证教职工对学校重大事项的知情权和民主参与权。学校建立党委负责、工会牵头、行政落实的校务公开工作领导小组，形成党政工齐抓共管、教职工全员参与、教代会为最高形式的校务公开工作体制和监督机制，及时对广大教职工和社会群众担心的"权力因素"、关心的"焦点热点"问题以及学校工作的重点、难点释疑解惑，全面公开。学校改革发展的重大决策、学校的财务收支情况、福利待遇以及教职工聘任、奖惩办法等涉及教职工切身利益的重大问题，及时向教职工公布。学校认真组织每年的教职工代表大会，对广大教职工反映强烈的热点、难点问题积极关注，力求解决。

二是建立学校与社区、家长联系制度。学校很早就制定了学校社区教育委员会章程、家长委员会章程等。目前，学校从初、高中分点办学的实际出发，分别建有社区教育委员会、家长委员会和家长学校，定期听取社区、家长对学校建设的意见和建议。

三是始终坚持依照法律法规处理收费、招生、保送、基建等敏感问题。学校坚持越是人民群众、社会各界关心的问题，越要依法依规办事，向人民群众有个好的交代。在处理招生、保送、收费、基建等敏感问题时，学校总是主动地、及时地通过新闻媒体、校内公告等公开有关政策、程序、进程和结果，接受广大教职员工和家长、舆论、社会各界的监督。

# 第二节　中小学依法治校与法制教育

中小学在依法治校中承担着对中小学生的全面、系统的法制教育。中小学法制教育的目的是通过学校这一教育载体，使学生知法、守法、学会用法，培养和提高法律素质，形成良好的守法、用法和护法习惯，自觉树立法律权威，促进自身健康成长。

## 一、普及法律知识，增强法律意识是法制教育的基础

我国中小学法制教育逐渐走入一个误区，即把法制教育等同于法律知识教学，以知识教育代替法律意识的培养和方法的传授，使法制教育有意或无意地走上了应试教育的道路。

法律教育需要有知识教育作为基础。尽管知法者并不一定是守法者，但知法是守法和护法的前提，没有一定的法律知识的积累，就谈不上法律意识的培养和素养的提高。中小学生的法制教育应包含"知法"传授，法律知识教育应成为中小学法制教育的基础。

人们不应对法制教育包含的法律知识传授发生疑义，应对中小学法制教育包含的法律知识教育究竟应包含哪些合理的内容，以及这些内容应在哪个年龄段传授进行质疑。

在教育行政主管部门统筹解决这一全局性问题的基础上，各中小学在教育行政主管部门确定的范围内，结合本校实际，有选择地重点学习某方面的法律知识，解决本校学生在成长中面临的实际问题，依法促进中小学生的健康成长。

## 二、预防犯罪和维护合法权益是法制教育的现实运用

中小学法制教育要有生命力，就一定要坚持为现实问题服务的指导思想。中小学法制教育不能仅满足于传授法律知识，更重要的是要将学法与用法有机结合起来，在实践中提高自己的知法、守法和护法能力。青少年法制教育必须为预防犯罪和维护权益等现实问题服务。

### （一）预防犯罪

我国青少年犯罪问题在 20 世纪 70 年代后期开始突出。不少失足学生将顺手牵羊的盗窃认为是"外快"，将强拿硬要称为"借用"，将望风分赃狡辩为"没动手"等，法律意识匮乏导致一批中小学生坠入犯罪的泥坑难以自拔。在青少年中开展法制教育的初衷就是为了预防和控制日益增长的青少年犯罪。20 世纪 80 年代中期开始的全国普法教育对预防青少年犯罪起到了积极的作用。

有不少人认为，在实际生活中，青少年法制教育已开展了 20 余年，他们在学习法律知识上花费的时间和精力越来越多，法律知识相应地增长，但青少年受外界不法侵害的行为也在不断增多，这很难说明青少年法制教育的成效。笔者认为，我国改革开放以来，青少年成长的社会环境发生了很大的变化，在错综复杂的形势下，我国青少年犯罪能够得到一定程度的控制，法制教育取得的积极作用毋庸置疑。青少年犯罪的严峻现实与法制教育中存在的不足和缺陷有内在联系，但决不能由此否认法制教育的主流和成绩。相反，我们要继续贯彻法制教育为现实服务的指导思想，将预防青少年犯罪作为中小学法制教育的重点内容，帮助中小学生树立防受害、防犯罪的意识，帮助他们掌握临场应用的方法和技能，并将青少年犯罪的防治作为考核与评价中小学法制教育的客观指标之一。法制教育为预防中小学生犯罪服务势必要正视问题，不断地改进和优化，在预防青少年犯罪中发挥更加积极的作用。

### （二）维护权益

在错综复杂的社会变革时期，心理、生理正处于发育期的青少年，无论文化知识还是社会经验都有限，主观的自我保护和防范能力不强，不足以识别和抵抗外界的侵害。面对来自于外部的侵害行为，青少年在体力上与侵害者存在悬殊，心理上存在一定的恐惧感，要让青少年完全依靠自己的力量保护自己是非常困难的。现在的青少年基本都是独生子女，他们是在无微不至的关怀保护和应试教育环境下成长起来的，长期接受的是正面教育。他们自我保护意识和能力差，合法

权益容易遭受外界的不法侵害。在多次遭受侵害得不到应有的帮助后，本就脆弱的自尊心、自信心和正常人格会受到严重挫伤，对社会、对人生感到失望，从而滋生反社会的心理和行为。因此，社会应依法保护青少年，其重要任务之一就是要告诉青少年如何与侵害自己合法权益的行为做坚决的斗争，防止和减少自身被外界不法侵害造成的人身伤害和财产损失。还要让他们知晓，一旦合法权益遭受外界侵害，如何运用法律武器制裁侵害者和获得精神与物质上的补偿。发挥社会和青少年自身的积极性，切实维护青少年的合法权益，是法制教育为现实服务的又一重要内容。

中小学学生权益被侵害的事件屡有发生，学校不应简单地将责任推向社会、推给他人，应从中小学生防侵害意识和能力寻找症结，从法制教育存在的缺陷和不足挖掘原因。中小学法制教育在传授法律知识的同时，要高度关注维权意识和能力的增强，注意从尊重学生的独立人格和调动学生的能动作用出发，加强合法权益的自我保护。如果社会能使青少年将强大的社会保护与增长的学生自我保护的主观能动性有机结合起来，将极大地提高维权的效果，这符合社会的长远利益，有助于青少年健康成长。

### 三、促进自身发展和社会进步是法制教育的最终目标

中小学生掌握了基本的法律知识，在成长道路上不触犯法律，合法权益能够得到切实地维护，仅是法制教育的低层次要求。对中小学生的法制教育更高层次的要求是促进学生个体的社会化进程和健康成长，保障其能够适应社会、服务社会，成为对社会有用的人才。法制教育要着眼于青少年的未来，要培养他们的法律意识，使他们通过法律透视社会上形形色色的现象，在复杂的社会现象中分清大是大非；通过法律规范自身的行为，做一个遵纪守法的公民；通过法律维护自己的合法权益，与不法侵害行为做坚决的斗争；通过法律促进自己更好地参与社会生活，为社会做出应有的贡献。法律为青少年的成长指明方向，发挥了的积极作用。

一是引导作用。我国法律代表全体人民的意志和利益，是社会公平、正义的象征。青少年在从事某项活动、工作及实施某种行为时，使自己的行为符合法律的要求，就可以受到法律的保护。

二是评价作用。评价青少年的行为是否正确、合理、有益，不仅有道德标准，还有法律标准。我国社会主义法律禁止的行为必然是与社会整体利益不相符合的行为。在很多情况下，社会上对某种行为的道德判断有不同的认识，青少年不容易选择，法律标准比道德标准更加具体、明确、规范，使青少年一目了然，按照

法律规定的要求做。

三是教育作用。成年后的青少年将走上社会，如果说过去青少年接受的教育主要是在家庭和学校里接受的规范化教育，而今后青少年接受的教育将更多地来自于社会，很大程度上需要青少年自己学习和理解。中小学生在校期间学习系统的法制教育会在自己的成长过程中产生深刻的、潜移默化的积极效果。因此，依靠法律促进青少年的发展是法制教育更深层次的意义。

从战略性上着眼，中小学开展法制教育决不能满足于法律知识教育，也不能仅停留在预防犯罪和权益维护上，更重要的是通过法制教育，使青少年从小树立法律意识和掌握运用法律的方法技能。法制教育是否为自身发展和社会进步服务，关键要看自己是否树立了法律的意识和明确了法律责任；是否能够在言行上努力维护宪法和法律的权威；对自己成长过程中的权利义务是否有所认识；是否在日常生活中自觉遵纪守法；等等。中小学开展法制教育决不能鼠目寸光，只顾眼前利益，要将现实利益和长远利益有机结合起来，要在促进自身发展和社会进步方面起到积极作用。

## 四、明确当前法制教育的要求是法制教育的科学保障

中小学在开展法制教育的过程中必须抓住主要矛盾，以此推动法制教育的改善和优化。中小学法制教育应抓好以下环节。

### （一）理念转变

目前，各界对中小学法制教育有不同的看法，尤以对法制教育的归类争论为甚。不少同志明确反对把法制教育作为学校德育的组成部分，认为德育概念本身不包括法制教育。而实际上，将法制教育内容作为学校德育内容的相对次要的组成部分，客观上造成了法制教育的不系统、不全面和无规律，法制教育中存在的种种问题与此不无关联。他们提出，"道德人"与"法律人"尽管有密切的联系，但本质上是有区别的，把学校法制教育内容归于德育内容，从理论上讲是不科学的，降低了法制教育的重要地位，实践中将导致法制教育得不到应有的重视。

我国通常将学校教育归为德育、智育、体育和美育四大板块。在理论和实践上，人们对德育问题有不同的理解。有的同志认为德育仅是道德范畴，或称道德品质教育；有的同志则认为德育是思想政治范畴，或称政治思想教育等。时代在发展，德育的概念也在发展。笔者认为，中国的德育还是采用大德育的范畴为宜，即包括人的思想品德、行为养成、心理健康、法制意识等方面的教育。德育过程是教育者根据一定社会的道德要求和受教育者品德形成与发展的规律，把一定社

会的品德规范转化为受教育者品德的过程。

新世纪的人才必须具备三大基本素质：坚定的思想道德素质、扎实的科学文化素质、必备的创新精神和创造能力。不管如何确定德育概念，它始终是中小学教育的重点。法制教育融入道德教育能起到事半功倍、标本兼治之效。尤其是党中央、国务院先后颁发的关于未成年人思想道德建设、大学生思想政治教育两个重要文件，进一步明确了德育在素质教育中"首位"的定位。因此，将法制教育纳入德育范畴，不仅不会削弱法制教育，反而会提高法制教育的地位。目前个别地区还存在对法制教育地位重视不够的问题，这不但不能将其归因于德育，而且是没有鲜明地、真正地将其纳入德育范畴的原因，没有落实德育是中小学各类教育的核心和灵魂。如果各级各类学校真正将法制教育纳入德育范畴，把德育首位观落到实处，那么法制教育必将有新的起色。

### （二）课程体系完备

中小学法制教育要把课堂教学作为主渠道，按照国家规定认真展开好法制教育课，在小学纳入思想品德课，在中学纳入思想政治课，做到学习有教材、上课有教师、课时有保证。但是，中小学法制教育没有地位、不受重视的标志之一，就在于学校法制教育课程没有落实相应的教学计划和教材没有配套，法制教育成了可有可无的"软任务"。从学校教育看，法制教育就是要充分利用现代学校教育的系统性、有组织性、规模性和科学性等显著特点，通过建立科学的法制教育课程体系，使学生从小学到大学都能够接受系统的法制教育。法制教育与其他学科教育一样，具有自身的认知规律和结构体系，没有相应的课程就难以保障法制教育的实效。因此，教育行政部门应将法制课正式纳入中小学的必修课中，及时修改各级各类学校的教学计划和教学大纲，将法制教育作为重要学科纳入教学计划和教学大纲中，形成科学的法制教育课程体系，并尽快根据在校学生的发育情况及心理特点编写适合不同年龄特点的法制教育教材，并精心地组织教育和实施，从而把"软任务"变成"硬任务"。这不仅是法制教育地位提高的结果，还是课程现代化的客观要求。

我国中小学从没有法制教育到有法制教育，从开设法制讲座到建立法制教育课程体系，这作为我国实施依法治国方略的伟大成绩确实值得庆贺。但笔者认为，从长远看，建立健全法制教育的专门课程体系不应是我国依法治国的最终目的和发展方向，如果能将法制教育真正渗透到各种知识文化教育和日常活动中，如果青少年从小就置身于非常好的法制氛围并从中得到良好的熏陶，那么将来的中小学不用设立专门的法制教育课程，就可以保证具备必要的法制意识。这就是真正意义上的法治国家目标的实现。

### （三）教育渗透

尽管人们强调法制教育专门课程设置的重要性，但是必须承认，设立专门的法制教育课程依靠课堂教学，作用是十分有限的，尤其课堂上的法制教育单调、乏味、不受学生欢迎。因此，现阶段除了要改善和优化课程化的法制教育外，还应重点探讨法制教育向其他学科渗透，使法制教育能够突破学科界限，实现多点渗透。各中小学应遵循学校教育的规律，充分利用校园特定的文化传递空间，发挥有关课程在法制教育方面的作用，使学生在学习文化知识的过程中接受比较系统的法制教育。任何一门学科教学都直接或间接、有形或无形地涉及其他方面，如果有意识地运作，完全可以与法制教育联系起来。把法制教育渗透到具体学科中，使传授科学知识与培育学生的法制意识有机结合起来，不仅在教学上具有可行性，还具有较强的可接受性。在教学中渗透法制教育的方式可使中小学生的法制意识、知识和技能日积月累、潜移默化。必须指出，在学科教学中进行法制教育的渗透，一定要抓住有机的联系，找准教材中知识教学与法制教育的"结合点"，适宜、适时、适度地进行渗透，做到水乳交融，不硬灌，不勉强，否则便会顾此失彼，达不到预期的效果。

法制教育向其他学科渗透，主要是在其他学科的课堂讲授中渗透。课堂讲授是学科教学渗透法制教育的主要方法。（各科教学）课前，必须认真备课，既要弄清教材的知识内容，又要对教材内在的教育内容深入体味；授课时，应力求融知识传授、能力培养、智力开发、法制教育于一体。例如，历史课上讲到鸦片战争时，可以结合禁毒教育讲授；地理课上讲到地球知识时，可以结合环境法教育讲授；体育课组织活动时，可以结合自我保护教育讲授；等等。总之，如果有心研究和精心备课的话，几乎在所有学科中都可以渗透法制教育的内容。这种渗透性的法制教育效果比单纯的法制教育更受学生欢迎。法制教育向其他学科的渗透除了课堂教学外，还可以采取多种形式展开，如学生在学科学习中要接触大量的作业、练习、试题，这是向学生渗透法制教育的重要渠道。各科教师在编选作业、练习和命题时，要注意增强法制教育的内容，发挥其教育功能。又如，法制教育还可以在丰富多彩的课外活动中渗透。通过法制演讲比赛、法制辩论赛、自办法制宣传小报和书画展、举行法律知识竞赛、参观法制教育基地等日常性活动，在丰富学生课余生活、扩展学生知识视野、发展学生个性特长的同时，培养学生的法制观念。教育渗透不是简单的糅合，不是生搬硬套，而是要开阔视野，跳出学科界限，将知识融会贯通并且深入浅出。根据学生特点设计教学环节，从整体配合方面下功夫，在设计中自然引入，与教育内容相吻合，避免形式与内容的单一。

### （四）师资配备

法制教育一旦纳入课程体系，势必对法制教育的师资提出更高的要求。加强学校法制教育，必须抓好广大教师的法制教育，尤其是要培训好法制教育的专门师资。现在各中小学的法律课教师基本上是政治教师，他们中间的大多数人从来都没有接触过法律，自身的法律意识和教学方法或多或少存在着一定的欠缺，很多教师只会照本宣科，进行填鸭式教学。因此，应把师资配套的问题提到议事日程。

解决中小学法制教育师资的配套问题，可以采用以下措施：第一，在师资队伍建设方面，学校应有战略规划。学校可以录用法学专业毕业的大学生和研究生担任法制课的专任教师。他们法律意识比较强，法律知识比较丰富，能够很好地理解和诠释法律。以案说法，以例释法，化抽象为具体，变枯燥为生动，使法制教育更加贴近学生，贴近实际，更好地提高学生的法律素质。同时，他们可以担当涉及学校的法律纠纷调解处的顾问和参谋，为中小学依法治校贡献自己的才能。第二，对现有法制课的师资队伍进行专门的、集中的培训，请有关法律教师和司法机关的专家进行系统讲授，促使他们在法律理论学习的同时，更多地接触社会现实，从而提高法制教学水平。第三，落实每所中小学都应设一名法律副校长的规定，发挥法制副校长的积极作用。可以聘请长期从事政法工作和青少年法制教育工作的同志担任校外法制辅导员，充实中小学法制教育师资队伍。总之，法制教育的师资队伍建设要提到各级教育行政部门和中小学校长的议事日程。

### （五）方法更新

法制教育是应用性、操作性很强的教育，为了提高法制教育的实效，需要探索法制教育的有效途径和方法。法制教育本身应是丰富多彩和富有成效的，除了纳入教学计划的课程教学外，还应更新法制教育的方法。中小学法制教育的教学方法必须适合这一年龄阶段学生的身心和认知特点，使中小学生不仅用头脑记忆法律，更用眼睛看法律，用耳朵听法律，在各种活动中全方位地审视法律，增强法制观念，并内化为守法、护法的意识。

法制教育方法的更新需要注意三方面的内容：一是形成校园氛围。可以设立法制教育周、举办法制宣传橱窗展览、组织法制墙报评比、张贴与法律有关的名人名言等，形成良好的校园法制氛围。二是讲求形式新颖。比如，举行讲案说法报告会，举办学法心得征文活动，开展法制专题性讲座，组织课外兴趣小组，组织法律知识竞赛，组织涉及法律内容的辩论赛，开展模拟法庭活动，组织学生旁听案件的审理，组织学生参观监狱和少管所，等等。三是重视法制体验。通过组织法律学习兴趣小组进行"模拟法庭""今天我是警察""法官的一天""以案说法""少年犯现身说法""法制演讲赛"等课外活动，让学生积极参与到学法用法中，更好地树立法制观念，养成依法办事、依法维护自身权益的良好习惯，更好地预防违法犯罪。衡量法制教育效果的评价标准，就是要使中小学生时时感到法在身边，法在眼前，法伴随自己成长，法是自己的保护神。

# 第三节　中小学依法治校与学生管理

中小学为了加强对学生的严格管理，纷纷制定了适合本校学生的违纪处分条例，条例作为学校管理学生的主要规章制度，对落实中小学生行为操守、规范学生言行举止和维护学校正常的教育教学秩序起到了积极的作用。在对违纪学生的处理中暴露出思想观念冲突、处分实体和程序与法治要求的矛盾。例如，学校对学生违纪处分的权限到底有多大？在对学生违纪处理的尺度把握上是重些好还是轻些好？违纪学生处分究竟由谁说了算？

在"依法治校"的理念下，学校应做好以下几点。

## 一、明确学生的权利义务

中小学生在校期间通过法制教育后，会知道公民的基本权利与基本义务方面的知识，但很少知道自己在校期间所具有的权利与应履行的义务，这客观上造成公民权利义务的虚化。原因之一是学校没有具体的规章制度明示学生在校期间的权利和义务，即使有这方面的规章制度，也没有让学生和家长了解。

学校在追求依法治校的目标过程中，如果在有关学生管理方面的规章制度中缺少学生权利义务的内容，或者没有将这方面的规章制度向学生及家长公布，而对违纪的学生实施处分，是很不公正的。

## 二、掌握学生违纪处分方法

### （一）规范违纪处理的实体

中小学校在有关学生违纪处分中，都对学生犯错误的事实、行为性质以及受处分的种类等实体规定比较重视。学校在处分犯错误的学生时，要准确认定事实，正确适用规章制度，从而认清学生违纪事件的性质，做出学生是否构成违纪以及如何处理的裁决。

### （二）重视违纪处分的程序

我国一直存在"重实体、轻程序"的现象，司法机关的办案人员在办案过程中往往重结果，忽视程序，造成很多冤假错案，学校在处分学生的过程中也严重存在着这种现象，在违纪处分的程序上存在的程序违法问题很多。

### （三）学生处分决定主体要规范

不少学校常常采用校长签字的方式，或者采取自下而上各级负责人逐级签字的方式对学生做出处分决定，这是很不慎重的轻率做法。正确的程序规范应是对记过以下的处分采用逐级上报后由主管校长决定的方式；留校察看以上的处分因为涉及改变学生身份的重大事项，一定要由校长会议集体研究后决定。

### （四）学生处分要有处分决定书

学校对学生做出处分，应出具处分决定书，同时对处分决定书的事项也应有明确的要求。处分决定书在送达学生本人的同时，鉴于其未成年的特点，还应送达其父母，让学生和家长知晓处分决定是其享有的一项权利；为了证明处分决定书送达，应制作送达回执，请受处分学生及家长签收。送达回执应包括送达文件的名称、受送达人姓名、送达的时间和地点，送达人和受送达人均应在送达回执上签字；在送达处分决定书时，应告知学生及家长有申诉的权利以及申诉的时限和受理部门。另外，开除学籍的处分决定书应报学校所在地省级教育行政部门备案。

### （五）处分建立在证据确凿充分的基础上

学生违纪处分前必须经过调查核实的过程，取证是关键的步骤。处分违纪学生应遵循证据规则，证据确凿、充分是正确认定学生违纪事实的坚实基础，也是保证处分决定正当性与合法性的重要条件。在实践中，许多学校在处分违纪学生时，一般都首先责成违纪学生写一份书面检讨，把学生本人在检讨中所陈述的内容作为处分的主要证据甚至是唯一的证据，这种做法与法治的精神不相符。

### （六）落实学生权利的救济机制

学校为维护教学秩序和教育环境，有权对违反校规的学生予以处分。但是，若实施处分出现失实或失当的情况，学生的合法权益就会受到侵害，因此有必要在依法治校工作中，落实中小学生违纪处分的救济机制，即增设学生对违纪处分享有陈述权、申辩权和申诉权的规定，其中听证制度是关键环节。

### （七）违纪处分及配套工作的艺术性

强调以人为本、维护学生的根本利益是处罚的出发点，也是处罚的方法论。对于面临毕业的犯错误的初中和高中学生，慎重对待他们未来的发展，就是照顾到他们的根本利益。因此，在制度允许的范围内适当灵活调整处罚规定，体现了负责任的态度。学校承担着教育人的重任，即使对犯错误的学生，也应坚持教育为主的方针。让受处分的违纪学生心服口服是个慢功夫，体现在循循善诱、细致和耐心上，不可能是急风暴雨式的速战速决。

### （八）有条件的违纪污点消除制度

学校对受处分的学生要实行给出路的政策，即受到处分的学生经过一段时间后，如果确实已经改正错误的，应实行有条件的违纪污点消除制度，以提高违纪学生改过自新、追求进步的动力。

# 第四节　中小学依法治校与校园安全

## 一、依法处置突发事件的要求

校长要善于通过法律制度预防和处置突发事件，应做到以下几点。

### （一）对策规范明确

突发事件既要抓事前的预防，又要抓事后的处置，但无论是预防还是处置，常会被对策的随意性困扰，教育行政部门的意志和学校领导的主观意愿在很大程度上左右了预防和处置工作的进程、发展方向和最终结果。

法律制度的优越性在于能摆脱领导个人意志的影响，将预防和处置校园突发事件的随意性转化为制度化、法律化的理念。明确规定突发事件防治中的目标要求、岗位职责、工作权限、处置程序等，用制度规范和落实突发事件的预防和处置工作，按照法律制度的明确规范予以具体操作和贯彻落实，不仅能够妥善预防和处置校园突发事件，还具有长治久安的效果。

## （二）操作程序公开

对学校来说，最佳的对策就是最大范围公开操作程序，努力将无序的纷争纳入有序的轨道上，力争在阳光下解决问题。

当突发事件发生后，学校应在第一时间向当事人公开事件处置的操作程序，将处置的程序置于当事人和人民群众的监督之下，尤其要告诉当事人，一旦在学校层面无法解决，还可以通过其他合法途径解决，无须采取任何偏激的途径和手段，并告知当事人矛盾一旦激化，无论对当事人还是对学校，乃至对整个社会，都会造成不利的影响。公开突发事件的预防和处置程序会促使当事人消除思想顾虑，愿意在法律的框架内合理合法解决问题。

## （三）评判标准统一

过去在处置突发事件中，多是在"维护稳定"的大目标下按照领导标准、政治标准、习惯标准等解决，很少提出法律标准。而今天强调依法治校，学校希望通过法律制度途径处置各类突发事件，无论学校学生还是家长都感到不习惯。

法律标准具有其他标准不能替代的优点。由于法律制度评判标准既不是学校的主观想法，又不是教育行政机关领导的意图，而是国家法律的规定，是全社会普遍遵循的行为规范，具有公正性和公认性的特点，因此有助于平衡当事人的心理，缓解激烈的纷争情绪，自觉接受法律的评判。

## （四）解决结果权威

由于学校突发事件的特殊性，许多矛盾久拖不决。各方当事人不仅无法坐到一起协商处理，还采取各种干扰正常教学秩序的行为，甚至出现在校园内设置灵堂、绝食、游行等极端做法。有些突发事件虽然通过做耐心细致的工作一度得到解决，但是常会出现反复。

法律制度由国家强制力保证实施，对各种行为具有极强的制约力，其权威力量至高无上，是任何政策、规章、纪律所不及的和任何社会力量所不能比拟的，人们对按照法律制度做出的处理结果的认同度高。法律作为校园突发事件处置的评判尺度，能最大限度地解除当事人的思想顾虑，促使矛盾主体深知不接受法律评判的后果，认可处置结果，自觉接受法律的评判。

## （五）社会影响明显

虽然发生在校园内的突发事件可以通过各种途径解决，但是相比之下，用法律制度预防和处置校园突发事件具有更明显的社会积极意义。首先，有助于防止事件的拖延和事态的恶化，保证事件能够得到顺利的解决，维护校园教学秩序的稳定。其次，有助于促使人们坚定守法意识和消除尚在萌芽的违法行为，从而发挥法律在早期预防突发事件中的积极作用。最后，在法律作用下，当合法权益受到维护、正当的利益要求得以实现时，受到鼓励的不仅局限于当事人，还包括更广泛的社会群体。

## 二、应对突发事件的法律对策要点

形成依法预防和处置校园突发事件的氛围。一方面，中小学因为各种原因，在处理突发事件的过程中不按照法律制度的规范办事，具体表现在以下几点：不顾事实证据，随意发号施令；乞求息事宁人，一味迁就搪塞；无视弱者权益，拒不承担责任；等等。校园突发事件已成为影响校园稳定的棘手问题。另一方面，我国历史上在预防和处理民间矛盾和纠纷中，非常重视道德、情感的作用，这点被吸收和沉淀在中国传统社会文化之中。人们形成了主张恭谦礼让、厌恶诉讼的心理，一般不会运用法律手段维护自己的权益和谋求利益的实现。这在校园矛盾和纠纷的处置中尤为突出和明显。

随着社会发展和依法治国方略的实施，不断出现的学校矛盾纠纷要得到有效解决，需要发挥道德、情感的作用，同时法律制度应参与到预防和处置校园突发事件中，学校领导和老师应认识到法律制度在预防和处置校园突发事件中的特殊意义和作用。在预防和处置校园突发事件中，无论是实体要求还是程序规范，都应符合法律制度的规范。

### （一）建立以校长负责制为主体的预防和处置突发事件的责任制

在处理校园突发事件过程中，最突出的问题莫过于责任界限不清，推诿扯皮现象严重。具体表现在事件发生后相互推卸责任，即所谓的责任无法落到实处。因此，有必要制定以校长负责制为主体的、预防突发事件的责任制。预防和处置校园内的突发事件的责任落实，特别是过错责任追究的落实，是责任制得以真正落实并取得实效的重要保证。

责任制是加强突发事件预防和处置的重要制度保障。对于中小学来说，校长是学校安全工作第一责任人，对学校的安全管理负总责，分管校长负责学校的日常安全教育工作，各部门负责人负责安全措施的落实及日常检查与维护工作，全体教职员工均有维护学校和保护学生安全的责任和义务。要制定预防和处置突发事件的责任制，通过理清、界定预防和处置校园突发事件的依据、职权，明确各环节、各岗位、各流程的具体职权和责任，改变过去只是校长一人负责制的责任承担方式，使职权和责任在学校内部按照工作层次和具体岗位合理配置，为预防和处置突发事件工作的内部运行建立起一种规范的工作机制。

## （二）制订具有科学性和针对性的防治突发事件的工作预案

最好和最有效的应对校园所发生的突发事件的对策就是坚持早期预防，真正做到防患于未然。校园内突发事件的最大特点就是突然性和不可预测性，因此根据各所学校的不同特点，预测突发事件的趋势和动向，在总结以往处置经验和教训的基础上，针对不同类型的突发事件制订不同的处置预案。

## （三）形成突发事件发生后的快速反应机制

校园突发事件发生后，学校势必要做出相应的反应和决断，这就涉及依法应对的问题。遇到突然事件，学校既不惊慌失措、无所适从，又不拘泥刻板、恪守教条，而是理法兼顾，沉着冷静，适时应变，应付自如。学校要引导当事人通过司法程序解决矛盾，要坚持疏导教育与依法处理相结合，诉讼调解与非诉讼调解相结合，将依法维护当事人的合法权益与制止不正当行为相结合。

应对校园突发事件有"三忌"：一忌超越权限；二忌耽误时效；三忌不按程序。

一忌超越权限。在预防和处置突发事件过程中，从教育行政部门的领导到学校的校长、老师都不能优柔寡断，同时要切忌鲁莽、盲目拍板定案，要在周密地权衡利弊得失的基础上，不失时机地做出决断。要求有关人员对突发事件要坚持领导负责制，以避免分散指挥和无人负责的现象，同时要求校长和有关人员按照预案的要求，不要超越权限。

二忌耽误时效。对于发生在校园的突发事件，学校需要马上做出决断，因此校长和处理事件的其他人员应具有"临机处置"的权利。在校园内的突发事件中，丧失处理的最佳时机的案例比比皆是。有些学校由于患病和受伤的学生没有及时送医院而危及生命；有些学校因为对有关当事人提出的合理要求能解决的不当场解决，一时解决不了的又不说明原因，当事人情绪激动，引起突发事件。尤其是一些事件的处理因为错过了诉讼时效，导致学校在诉讼中败诉。因此，突发事件发生后不要超越时效，失去预防和处置的最佳时机。

三忌不按程序。岗位职责是预防和处置的实体要求，工作规程是预防和处置的程序要求。在预防和处置校园突发事件时，无论是领导决策，还是解决问题的过程，都应遵循一定的程序。但是，不少学校在处理突发事件过程中，处理不讲阶段，决策不经讨论，应对不按程序，导致处理中的矛盾很多，遗留问题很多。

### （四）依法收集和保存各种证据

不少学校本身既没有法律意识，又缺乏专门的法律人才，遇到突发事件普遍缺乏证据意识，思想上对证据的收集和保存不重视，常因忙于处理问题而忽视了证据的收集和保存，或者尽管自己主观上知道证据的重要性，但不知道如何收集和保留证据，致使突发事件依法处置后的结果出乎意料。

收集和保存证据的要求：及时性、全面性、合法性。学校在从事各项活动和开展各项工作中，要事先保留好证据。

预防性的证据保全机制所保全的证据是与正常的活动和工作呈同步状态的，活动和工作进行到哪个阶段，证据保全就应同步到哪个阶段。例如，活动进行前安全教育的材料要妥为保管。在纠纷发生过程中，也要注意收集证据。

纠纷发生的过程实际上就是证据形成的过程，即人们要高度关注的过程，以免事过境迁无法找到有关事件的原委和经过，事实情况难以掌握。

学校要注意收集证据的合法性，不合法的主要情形：

一是收集或提供主体不合法。有些是未成年学生作证人提供证言，即不符合法律对证据收集、提供主体的规定。

二是取证程序不合法。以暴力、威胁、欺骗、引诱、收买等非法方式收集的证据因为不具备收集程序的合法性而成为非法证据。

三是内容不合法。不能证明案件真实情况的、无证明力的事实材料因对案件事实的查明毫无意义而成为无效证据。

### （五）依法规范突发事件的善后处置

处理完突发事件后，要定期回访，了解已采取预防措施和解决措施的效果，注意掌握新矛盾和新问题，以便及时解决处理，防止出现反复。对处理突发事件进行总结，反思工作中存在的问题和矛盾，尤其是查看学校内部在本次事件中有没有失责的地方，一旦发现失责的就要严肃处理，绝不留情。同时，根据本次事件发生和防治中的经验教训，进一步完善预防和处置突发事件的预案，结合事件开展法制宣传教育，增强广大教职员工和学生的法制观念。

# 第五章　中小学依法治校指标体系的内容

## 第一节　依法治校指标体系的具体内容

### 一、学校依法治校的理念意识

理念意识是指导具体行动的前提和基础，学校只有树立了依法治校的理念意识，才能在具体管理和运行中指导依法治校的组织实施。从目前天津市调研情况看，有一些学校没有建立起依法治校的治理体系，原因在于管理者的法治观念淡薄，对依法治校认识不足，理解片面。因此，人们将学校依法治校的理念意识作为指标体系的第一个一级指标。根据树立依法治校理念意识的主体，我们将该一级指标分解为三项二级指标，分别为学校领导班子的治校理念、学校教职工的法治意识以及学校学生的法律素养。其中，学校领导班子是否具有依法治校的理念是关键性指标。

### （一）学校领导班子的治校理念

学校领导班子的治校理念关系到学校整体依法治校管理的组织实施，是学校依法治校理念意识中的核心组成部分，具体包括三项指标：一是树立依法治校理念，具有较强的规则意识；二是学习相关法律法规，具有较高的法律素养；三是熟悉学校章程和相应的规章体系。

### （二）学校教职员工的法治意识

学校教职员工作为学校教育教学的主体和学校事务的主要执行者，同样需要具有相应的法治意识，具体包括两项指标：一是职能部门民主管理、依法办事的意识强。要求学校职能部门安排年度法治学习，具有专职负责法律事务的管理人员。二是教职员工依法实施教育教学活动的意识强。

### （三）学校学生的法律素养

学生作为学校的受教育群体和教学对象，其自身法律素养反映了学校依法治校的理念意识，具体包括两项指标：一是学生掌握了基础法律知识。要求学校按照规定开展学生法治教育，法治教育的形式尽可能地多样化，内容丰富。二是学生法治教育效果明显。要求法治教育对预防学生违法、犯罪产生影响，在校学生无重大违法行为。

## 二、学校依法治校的治理结构

依法健全学校内部治理结构，保障学校依法规范行使和有效监督是全面推进依法治校的关键。学校治理结构是现代学校中最重要的制度架构，它包括教育行政机构、学校治理层、学校教师、学生和其他利益相关者之间的一整套关系。通过这个架构，学校目标以及实现这些目标的手段得以确定。根据学校依法治校治理结构的不同环节，人们将该一级指标分为决策、执行与监督、民主管理和社会参与四项二级指标。其中，执行与监督成为关键性指标。

### （一）健全科学民主决策机制

健全学校科学民主决策机制，实现决策的科学化、民主化和法治化是完善学校治理结构的前提和基础，具体包括两项指标：一是校长职权明确，校务会议议事规则和决策程序健全；二是严格执行"三重一大"制度，即要求学校凡涉及重大决策、重要干部人事任免、重大项目安排、大额度资金使用方面应建立群众参与、专家咨询和集体决策相结合的决策机制和监督检查、责任追究机制。

### （二）完善执行与监督机制

完善决策执行与监督机制是保证决策事项严格实施的重要环节，是形成决策权、执行权与监督权既相互制约又相互协调的重要保证，具体包括四项指标：一是学校内设组织机构科学合理、职责明晰。二是建立重大决策执行效果评估制度和重大决策责任追究制度。三是健全群众监督机制，加强上下级监督。要求学校建立健全教职工、学生等相关利益群体对学校重大事项执行的监督渠道，保证下级对上级的监督渠道畅通，运行正常。四是健全重点领域、重要岗位预警防控机制。要求学校内的重要部门、重要岗位应建立起权力监督与制约机制，对于涉及职务犯罪和商业贿赂等重要部门和岗位要建立预防措施防范，并且运行正常。

## （三）完善民主管理机制

民主管理机制是学校治理结构中的重要一环，是反映决策民主化的重要表现，特别是教职工的参与管理是民主管理的重要体现，具体包括两项指标：一是教职工参与学校民主管理的渠道畅通。要求学校建立健全教职工代表大会制度，保障教职工具有知情权、参与权、表达权、监督权和评议权等权利。二是学生或家长参与学校民主管理的渠道畅通。由于中小学生是未成年人，参与能力有限，因此将该指标主体确定为学生或家长。

## （四）健全社会参与机制

社会参与学校办学与管理是现代学校制度的特征之一，是完善学校管理、改善学校与社会关系的重要内容，具体包括两项指标：一是建立社会参与学校办学与管理的机构或制度。应建立家长委员会作为社会参与渠道，家长委员会在学校相关事务管理方面应有相应的参与权和监督权。二是社会参与学校办学与管理的方式多样化。该项指标要求校外有与学校办学规模匹配的实践基地或合作单位。

## 三、学校依法治校的建章立制

中小学校作为法律上的独立法人，制定章程是其成立的先决条件，也是其在依法治校过程中的基本依据。学校章程是指为保证学校自主管理和依法治校，根据法律法规的规定，按照一定的程序，以文本形式对学校重大的、基本的事项做出全面规定并形成规范性文件。根据我国《中华人民共和国教育法》的规定，设立学校必须具有章程，学校及其他教育机构具有"按照章程自主管理"的权利。人们根据章程和规章制度制定和执行的不同环节，将该项一级指标分为两项指标。其中，制定章程并完善规章体系是关键性指标。

## （一）制定章程并完善规章体系

严格依照法律规定的内容和程序起草并制定章程，建立完善的校内规章体系是执行章程的前提和基础，具体包括四项指标：一是依法制定并施行章程；二是规章制定的职责明确，程序清楚；三是规章制度体系健全、统一；四是汇编并公布章程和规章制度。

## （二）建立执行规章的审查与清理机制

学校的规章制度不是一成不变的，应根据国家法律法规的更新和学校的实际发展变化随时进行审查和清理工作，保证规章制度的有效性，具体包括两项指标：一是设立或指定专门机构负责规章制度审查和清理工作；二是定期审查和清理规章制度。

## 四、学校依法治校的组织实施

学校依法治校的组织实施是指在学校具体管理和运行中，把依法治校的理念深入贯彻到学校治理的具体环节之中，通过各种手段规范学校治理，实现依法治校的最终目标。学校依法治校的组织实施是考察学校法治化、规范化、民主化、制度化运行的最主要指标，也是设立依法治校指标最终达到的目的，即学校在实践中能够将依法治校理念运用其中，指导学校的具体行为。根据学校工作的主要环节，该项一级指标设立了九项指标，其中规范办学活动、尊重和保护学生权利、尊重和保障教职工权利、推进党务和校务信息公开成为关键性指标。

### （一）完善依法治校工作机制

建立和完善依法治校的基本工作机制是具体组织实施依法治校工作的前提和基础，具体包括三项指标：一是把依法治校工作纳入学校工作，考核机制完善；二是定期向学校教职工代表大会和主管教育行政部门报告依法治校工作情况；三是设立或指定专门机构负责学校法律事务，综合推进依法治校。

### （二）规范办学活动

办学活动是一所学校的核心工作，学校的教学与管理基本围绕办学活动进行，规范学校的办学活动是依法治校组织实施的重要内容，具体包括四项指标：一是依法依规招生，招生工作公开、透明；二是规范办学及管理活动；三是规范培训活动；四是加强师德师风建设。

### （三）建设平等校园

"平等"是法治化校园的价值体现之一，建设平等校园是校园法治文化的重要体现，具体包括一项三级指标：贯彻平等原则、无歧视性言论和行为。要求在制度上落实和体现性别平等、民族平等、师生平等、生生平等。

## （四）尊重和保护学生权利

学生作为学校的受教育群体，是学校的主要成员，尊重和保护学生的权利是学校依法治校的基本要求，也是学校依法治校建设的核心指标。根据权利保护的主体和内容，尊重和保护学生权利具体包括四项指标：一是保障残疾人、外来务工人员子女、困难家庭子女等弱势群体的平等权利；二是以人为本，尊重和保护学生的人格尊严和基本权利，要求学校无体罚、变相体罚和限制学生人身自由等行为；三是保障学生平等获得教育教学资源及公正评价；四是处分学生做到事实清楚、定性准确、程序正当，要求保障学生陈述与申辩的机会。

## （五）尊重和保障教职工权利

教职工作为学校的教育群体，是学校的另一重要成员，尊重和保障教职工的权利有利于教育教学工作的顺利开展，根据其权利内容，具体包括三项指标：一是规范教职员工岗位聘任和管理；二是尊重教职员工在教学、科研方面的专业权利；三是保障教职员工在职务、继续教育、考核评价等方面的权利。

## （六）保障学术自由，加强学术监督

鼓励教师开展学术科研活动是提高教师教学水平和科研能力的重要途径，学校应建立保障教师学术自由、加强学术监督的机制，具体包括四项指标：一是学术评价公平、公正、科学；二是学术机构设立规范；三是学术活动管理规范；四是学术纠纷的审查裁决机制以及学术不端行为的处理规则完备并严格执行。

## （七）推进党务、校务信息公开

学校事务的公开、透明是依法治校的基本要求，只有党务、校务工作及时公开，推进学校办事程序、结果的公开，才能保证学校民主群体的知情权和参与权，具体包括三项三级指标：一是推进党务公开；二是推进校务公开；三是推进办事程序、结果公开。要求公开渠道畅通、有效，公开及时、全面、准确；公开工作保障制度健全，监督检查、考核评价机制落实到位。

## （八）健全校内纠纷解决机制

建立健全校内纠纷解决机制，开辟学生和教师的权利救济渠道，依照法律程序解决纠纷，是保障学校及师生权利的重要内容，具体包括两项指标：一是纠纷解决校内机制健全。要求学校建立校内关于信访、调解、申诉等争议解决机制，运行正常。二是依法解决校内未决纠纷。要求学校对与师生发生的法律争议，应积极应诉，依法履行义务，尊重司法裁判，无法完全解决的纠纷应及时提交社会组织和司法行政机关依法解决。

### （九）健全安全管理及突发事件的应急处理机制

面对越来越多学校安全事故的发生，建立健全学校安全管理体系和突发事件的应急处理机制成为保障校园安全的重要内容，根据校园安全的日常管理和突发事件管理内容不同，具体包括两项指标：一是构建校园安全风险管理体系，安全教育常态化；二是校园安全及突发事件应急处理预案完备，应急演练制度化。

# 第二节　依法治校指标体系的类型化概述

对依法治校指标体系展开类型化研究：一类是从"立法、执法、司法、监督"的法理层面进行建构，以学者的观点为主，称为"理论派"；另一类是以政策法规为依据展开，以地方实践为主，称为"实务派"。学者更注重从制度层面对依法治校进行解读，地方政府更愿意从实际的操作层面构建指标体系。

## 一、依法治校指标体系类型化之概貌

"理论派"的大多数学者提出从"立法、执法、司法、监督"三大层面构建依法治校的指标体系，其实质是参考了法治政府的评判标准，大多数学者将校园当成小国家，利用贯通的法理建立校园法律体系，将对师生权益保护的希望寄托于对权力的限制上。但是，从指标体系的内容看，"理论派"内部分为两种不同的指标体系：一种是客观指标体系；另一种是兼有客观指标体系和主观指标体系的混合指标体系。

客观指标体系是以客观指标评价为主构建的指标体系。例如，有学者将评价体系的一级指标划定为法律（校规）制定、法律（校规）执法、监督情况、法治宣传、成效。从逻辑结构看，屈广清从"立法、执法、司法、监督"的角度思考指标体系的建构。其中，法律（校规）制定属于立法范畴，法律（校规）执法属于执法范畴，在法律（校规）执法指标下的"程序正当"以及"重视通过法律途径解决问题"则属于司法范畴，为了使前三者能够实现，在一级指标中加入了"法制宣传"和"成效"两方面内容。从内容看，评价指标皆是评价者依据硬性的标准、相关规定和统计数据等反映社会现象的客观指标评价。

例如，在健全安全管理及突发事件的应急处理机制指标之下的两个三级指标——"构建校园安全风险管理体系，安全教育常态化"和"健全安全管理及突发事件的应急处理预案完备，应急演练制度化"，只能通过数据收集的形式对其评估。

混合指标体系是以客观指标评价为主、主观指标评价为辅构建的指标体系。方芳在客观指标体系的基础上，对其做出修正，将一级指标进一步细化为学校依法治校的理念意识、治理结构、建章立制、组织实施，将"监督"部分纳入"学校依法治校的治理结构"，将"法治宣传"和"成效"纳入"学校依法治校的理念意识"。因此，从逻辑结构看，是从"立法、执法、司法、监督"的角度思考体系构建的问题。值得赞赏的是，方芳在此基础上，从宏观的层面（"学校依法治校的治理结构"）对体系进行界定，加强了指标体系的整体性。从内容看，其不仅包括客观指标评价，还创造性地增加了主观指标评价。例如，在指标体系中加入"学校依法治校的理念意识"的指标，并将其分为三个二级指标和七个三级指标。从"树立依法治校理念，具有较强的规则意识""学习相关法律法规，具有较高的法律素养""熟悉学校章程和相应的规章体系""职能部门民主管理，依法办事的意识强""教职员工依法实施教育教学活动的意识强""学生掌握了基础法律知识""学生法治教育效果明显"这七个三级指标可以看出，不可能通过客观指标评价的方式对其做出考评，只能通过主观指标评价的方式考评。虽然主观指标评价仅占指标体系的14.2%，但是其能够有效地实现纠正不适当的客观指标评价的机能。

"实务派"主要以地方政府颁布的规范性文件为指南。由于是政府的规范性文件，因此以"上级文件"为参考是主要思路，目前我国众多城市所规定的依法治校指标体系主要参照《教育部办公厅关于开展依法治校示范校创建活动的通知》（教政法厅〔2003〕4号）。在《教育部办公厅关于开展依法治校示范校创建活动的通知》中，将"依法治校示范校"的基本标准规定为八项：①管理制度完善健全；②校内管理体制完善；③办学活动依法规范；④民主管理机制健全；⑤教师权益受到保障；⑥学生权益得到尊重和维护；⑦法制宣传教育成效明显；⑧依法治校工作机制健全。为了配合教育部"遴选"依法治校示范校的工作，各地教育部门均将《教育部办公厅关于开展依法治校示范校创建活动的通知》具体化，以此构建指标体系。例如，成都市在2012年曾推出依法治校指标体系的试行方案，其一级指标分为七类：制度体系、民主决策、民主管理和监督、依法办学、师生权益、法制宣传、法务风险。2015年，成都市教育局将此试行方案进一步细化，但总体框架没有太大的改变。

## 二、依法治校指标体系类型的个性化问题

首先，"理论派"观点的优势是逻辑联系很强，规范化程度较高。但是，其缺点也不容忽视。一是遗忘了"依法治校"的根本目的，即保障师生权益。所有"理论派"的观点中，无任何一位学者将"师生权益的保护"列为一级指标，大都将其纳入"执法"的一级指标之下，虽然能在整体上兼顾"立法、执法、司法、监督"这一完整的逻辑过程，但是除了"执法"外，在其他三个一级指标"立法、司法、监督"中并没有相关保护师生权益的规定。虽然学校组织结构是实现师生权益的有效保障，但是如果在"立法、司法、监督"的过程中忘却师生利益，不把师生权益放在第一位，就会回到有"法制"而无"法治"的陷阱之中。例如，在方芳的指标体系中，涉及师生权益内容的三级指标仅占14.2%；屈广清的指标体系涉及师生权益的内容，按照分值计算，仅占12%。二是只有部分学者注意到需要将主观指标评价与客观指标评价相结合。主观评价标准的优势是设计、编制和数据收集成本相对较低，劣势是其评价者易受舆论、时政、法治理想与现实反差等因素影响。客观标准具有能够全面和客观地反映法治的综合状况、验证主观指标的非理性程度等优点，但其劣势是单项测试的效度低、单独设计和收集新的客观数据成本高以及客观数据真实性难以保证等。

其次，"实务派"的指标体系切实可行，且重视学生权益保护，但仍存在不足之处。由于其指标体系大都由政府部门制定，且一般过程是上级政府拟定概括性的指标体系，再由下级政府在执行过程中将其逐步细化。因此，"实务派"追求的是参照上级规定，而非建立因地制宜、独立以及创新的指标体系。在行政化的背景下，不问上级文件自身存在的缺陷，不辨是非地细化，缺乏指标体系的整体性与逻辑性在所难免。

## 三、依法治校指标体系类型的共同化问题

"理论派"和"实务派"存在共性问题，即两者都忽视了指标体系指导和改进的功能。"依法治校评估属于教育行政督导，它具有多种潜在功能，主要包括以下三个方面：评优和激励；监督和检查；指导和改进。"令人遗憾的是，"理论派"的诸多学者在构建指标体系的过程中遗漏了对"指导和改进"功能的规定。但是，这一功能才是能让学校向应然层面持续发展的解决之道。评价体系如果仅指出学校在依法治校框架下的优势与不足，不再考察对不足部分的改进，并及时向学校呈递指导意见，则不利于有效提升依法治校水平。这并非只有"理论派"存在的

问题，"实务派"也存在同样的问题，这是学校的行政化所导致的，上级机关制定依法治校的指标体系目的在于"树立典型"，让更多的学校以此为标杆进行学习，而非从实用的角度对其考核，目前依法治校指标体系的思维仍停留在"考试"而非"纠偏"的思路上。"实务派"也不能免受其责，由于目的在于配合上级政府工作，而所根据的《教育部办公厅关于开展依法治校示范校创建活动的通知》本身就是为了"遴选"依法治校示范校，在这一行政目的的指引下，就缺少对存在法治问题的学校的指导和改进，缺少复查工作。通过评估考核，树立一批在依法治校工作方面成绩突出的示范学校，必将发挥示范带动作用，同时对全省各级各类学校自觉开展依法治校工作，也必将起到督促和推动作用。在考评行政化的背景下，缺乏对校园法治问题的指导和改进功能。

# 第六章 中小学依法治校评估指标体系的构建——以重庆市为例

## 第一节 重庆市中小学依法治校评估体系的内涵

### 一、依法治校工作的组织领导

#### （一）学校领导重视依法治校的工作

（1）学校实施依法治校工作应该树立明确的指导思想，并且制订具体的工作方案。

（2）学校领导班子要定期研究并及时解决学校依法治校工作中的重大问题。

（3）要有一定的依法治校工作规划，有年度法制工作计划和总结。

此部分的主要评估办法是查看工作计划总结、工作记录、会议记录等资料。

#### （二）建立健全依法治校组织机构

（1）学校要建立法制工作机构，分配学校领导分管依法治校工作，同时校长要亲自抓依法治校工作。

（2）学校各部门要建立明确的依法治校工作制度。

（3）建立健全全员依法治校岗位责任制度。

此部分的主要评估办法是查看相关机构文件、工作制度、工作记录等资料。

## 二、完善和健全学校的管理制度

### （一）学校章程符合法律法规规定

（1）依法按程序制定学校章程。

（2）学校章程经过上级行政主管部门审核批准。

（3）依照法定程序修改学校章程。

（4）学校章程向全体教职员工、学生及家长公示，并成为学校各项工作的指导性文件。

此部分的主要评估方法是查阅学校章程及制定过程记录，进行访谈或问卷调查。

### （二）完善的管理制度

（1）有符合法律法规且完善的教育教学制度、学籍管理制度、人事工作制度、师资管理制度、财务管理制度、后勤保障制度、安全管理制度。

（2）学校重要决策符合法律法规和方针政策，符合素质教育要求。

此部分的主要评估方法是查阅学校相关制度、工作记录资料，进行访谈或问卷调查。

## 三、校内管理体制完善

### （一）健全学校领导机制

（1）重庆市中等及中等以下学校实行校长负责制，高校实行书记领导下的校长负责制。

（2）校长符合任职条件；学校领导和管理人员熟悉并遵守教育及相关法律法规，明确学校的权利、义务，明确教育方针、办学方向和培养目标。

（3）有明确的党组织监督保障工作制度，校长能主动接受学校党组织和教代会监督，有具体的措施和工作记录。

此部分的主要评估方法是查阅相关制度、工作记录资料，进行访谈或问卷调查。

## （二）内部工作机构、运行机制的设立要符合相关规定

（1）有明确的职责分工和岗位目标。

（2）有明确的工作要求和具体的工作措施。

此部分的主要评估方法是查阅相关制度、分工资料。

## （三）建立学校重大决策法律审查机制

（1）建立重大决策法律审核工作制度。

（2）学校做出的重大决策、重要发展规划、对外签订的重要合同经过合法审核。

此部分的主要评估方法是查阅相关工作制度、工作过程资料。

# 四、办学活动依法规范

## （一）依法开展教育教学工作

（1）重庆市中小学实行均衡编班。

（2）严格执行课程方案和课时计划。

（3）不公布学生成绩及排名。

（4）在岗教师不参与有偿补课。

（5）学校不组织违规补课，早晚自习符合规定。

（6）有效控制课业负担，保障学生休息时间。

此部分的主要评估方法是学生调查、访谈，查阅教学工作资料。

## （二）建立合理的教职工岗位管理和考核制度

（1）建立科学合理的教师岗位责任制并得到有效实施。

（2）建立科学合理的考评办法并按时完成考评工作，不向教师下达升学考核指标。

（3）建立完善的教学工作评估方案以及评估标准、程序和方法，评估工作正常进行并得到广大教师的认可。

此部分的主要评估方法是查阅学校相关工作文件、工作过程资料，并对教师进行调查、访谈。

## （三）严格按照有关规定招生和进行学籍管理

（1）严格执行国家规定的招生政策，无拒收应依法接受义务教育的适龄儿童、少年入学的情况，录取学生无违规操作现象发生。

（2）严格执行重庆市学籍管理规定，学生档案管理要完善。

（3）严格"控辍"，对辍学学生要采取措施使其复学。

此部分的主要评估方法是查阅档案、资料，对教师、学生和家长调查进行访谈。

## （四）严格执行国家规定的会计制度和财务管理规定

（1）建立健全预算决算制度、会计制度并有效执行。

（2）遵守税收法律法规和相关政策及制度。

（3）坚持实行财务公开制度，无违规收支行为。

（4）收费项目和标准向社会公开，无违反国家规定、向学生乱收费的现象。

此部分的主要评估方法是查阅财务资料，对教师和学生进调查、访谈。

## （五）大力推进平安校园建设

（1）安全工作有专人负责，有完善的安全管理责任制。

（2）建立重庆市校园安全教育制度和安全检查制度，建立安全预防体制，并且配备紧急事故处理预案。

（3）学校设施符合安全标准。

（4）依法规范运作学生意外伤害事故保险。

此部分的主要评估方法是查阅学校安全工作制度、工作记录，检查学校主要教育教学设施。

## （六）加强校园周边地区综合治理

（1）有专人负责学校治安综合治理工作。

（2）配合当地公安、街道、工商、文化等部门，与社区共建，做到周边环境文明、健康、安全，无重大事故发生。

此部分的主要评估方法是查阅学校相关工作记录资料，对周边环境进行实地观察。

## 五、健全民主管理机制

### （一）依法建立重庆市中小学工会和教职工代表大会并发挥积极作用

（1）健全工会和教职工代表大会组织以及教职工代表大会工作制度。

（2）教师可以通过学校工会或教职工（代表）大会切实有效地行使民主管理和民主监督权利，学校应该采纳教师提出的合理化意见和建议。

（3）工会应开展保障教职工合法权益的工作。

此部分的主要评估方法是查阅工会、教职工代表大会的工作制度、工作记录、会议记录等资料，对教职工进行访谈、调查，查看意见征求和采纳记录。

### （二）实行校务公开制度

（1）健全重庆市各中小学校务公开组织、工作方案和制度。

（2）对重庆市各个学校重大事务和涉及教职工、学生切身利益的事项要公开程序、公布处理结果，按要求应向社会公开的事项都已公开。

（3）具备向社会、教职工、学生及家长公开事项的公示栏及其他设施。

此部分的主要评估方法是查阅组织制度、工作记录、会议记录等资料，查看公示栏等设施。

### （三）建立校内监督机制

（1）健全校内监督机制，明确监督方式。

（2）有听取教职工、学生意见和建议的工作机构及人员。

此部分的主要评估方法是查阅工作组织、人员制度、工作记录、处理意见等资料，对教职工进行访谈、调查。

### （四）建立"三结合"联系工作机制

（1）重庆市各中小学与社区、家长建立联系制度，听取社区和家长对学校管理的意见。

（2）成立"家长学校"或"家长委员会"，并定期开展活动。

此部分的主要评估方法是查阅三方联系相关制度和记录资料，家长委员会访谈。

## 六、保障教师权益

### （一）依法聘任教师，保障教师实施教育教学活动和开展其他相关工作的合法权利

（1）依法聘任学校教师。

（2）依法为教师提供相应工作条件。

（3）保障教师实施教育教学活动和开展教学、科研、参加进修培训的权利。

此部分的主要评估方法是查阅聘任办法、聘任合同等资料，对教职工进行访谈、调查。

### （二）保障教师工资和相关福利待遇

（1）教师工资依法按时足额发放。

（2）教师相关福利待遇得到保障。

此部分的主要评估方法是对教师进行访谈、调查。

## 七、学生的权益要得到应有的尊重和维护

### （一）依法维护学生受教育权，尊重学生人格及其他人身权利和财产权利

（1）学生参加教育教学计划安排的各项活动的权利得到维护。

（2）无变相留级、强迫休学和退学的现象。

（3）无侮辱、歧视、体罚或变相体罚学生的现象。

（4）无违规罚款、没收财物等侵犯学生财产权利的现象。

此部分的主要评估方法是对学生进行访谈、调查。

### （二）依法妥善处理学生伤害事故

（1）建立学生安全和伤害事故应急处理程序和报告制度。

（2）已发生的学生伤害事故按照《学生伤害事故处理办法》的规定得到妥善处理。

此部分的主要评估方法是查看相关制度文件、处理记录、安全教育记录，并对学生进行访谈、调查。

## （三）依法处理学生违纪行为

（1）学生处分经过严格调查落实，书证、言证、物证齐全，事实清楚，依据合法。

（2）学生处分程序符合规定，建立和实行校内学生申诉制度。

此部分的主要评估方法是查阅学生违纪处理办法和记录，并对学生进行访谈、调查。

# 八、法治宣传教育的成果显著

## （一）认真做好"五五"普法工作

（1）建立由学校主要领导负责的普法工作机构，建立并坚持学校领导学法制度。

（2）有学校"五五"普法规划和年度计划、总结。

（3）教职工参加普法学习做到有教材、有笔记、有考核，参加普法考试合格率达到98%以上。

此部分的主要评估方法是查阅相关机构、制度、计划、总结、学习记录、成绩表等资料。

## （二）认真落实渝教办〔2006〕63号的要求，开设法制教育课

（1）法制教育课做到计划、课时、教材、师资、经费"五落实"。

（2）开展法制课教研活动，教师接受法制课教学培训，授课水平达到规定标准。

此部分的主要评估方法是查阅教学计划、课程表、教师教案讲稿，并对学生进行访谈、调查。

## （三）聘请法制副校长、法制辅导员、法律顾问等

（1）重庆市大学、中专校聘请了法律顾问，重庆市中小学聘请了法制副校长或法制辅导员。

（2）有固定的办公地点，有明确的工作职责、工作计划。

（3）能积极与学校领导班子研究法制工作，并切实发挥作用。

此部分的主要评估方法是查看聘书、工作记录等。

**（四）开展经常性的法制宣传教育活动**

（1）学校、年级、班级每年组织 1～2 次法制教育活动。

（2）建立青少年法制教育基地，并利用基地开展教育活动。

（3）结合全国法制宣传日开展多种形式的宣传活动。

（4）活动内容丰富、形式多样、富有特色、卓有实效。

此部分的主要评估方法是查看活动方案、实施记录、法制宣传栏等设施，了解法制教育基地建设及使用情况。

## 九、依法治校的成果

**（一）法制教育、依法治校、民主管理工作具有创新性**

（1）得到国家级媒体的宣传报道。

（2）受到国家相关部门以及市级相关部门表彰。

此部分内容的主要评估方法是查阅相关报道原件、表彰证书、文件。

**（二）学校办学行为严重违规**

受到重庆市主管部门及其他相关部门的公开批评或处罚。

此部分的主要评估方法是查阅市、县相关部门记载。

**（三）干部、教师、学生严重违纪或刑事犯罪**

（1）干部、教师有严重违纪或刑事犯罪。

（2）学生犯罪率超过万分之三。

此部分的主要评估方法是查阅市、县相关部门记载，并对教师、学生进行访谈、调查。

## 第二节 重庆市中小学依法治校评估体系存在的问题及原因分析

### 一、重庆市中小学依法治校评估体系存在的问题

#### （一）评估系统的设计思路不清晰

重庆市中小学依法治校评估体系方案设计的逻辑思路主要体现在"一级指标"中，二级和三级指标从一级指标中细化分出。不同作者采取不同的思路设计，有的以"法"为中心，通过法律的制定、执行与监督环节体现学校的法治化程度，犹如用一张"法网"套住所要研究的主体，再评估检查；有的看不出清晰的逻辑思路，只是将比较重要的事项随心地安放在"一级指标"中；有的以"学校主体"为核心出发，在学校的决策、执行与监督的各个环节中用"依法"的标尺衡量与检验，最终将主体纳入法治化的运行轨道。笔者认为，最后一种思路设计抓住了关键主体，在实际操作中比较简单易行。

#### （二）三级指标内容不够细化

"三级指标""考核点"等内容的设计应是一级和二级指标内容的具体化和问题化，不应存在大量的原则性、模糊性内容，加之此项没有确定明晰的考核标准，导致了实际操作性极差，难以发挥当初设计的初衷，效果不明显，评估结果科学性不强。

#### （三）评估指标体系忽视督察和改进功能

依法治校评估指标体系注重评估、评优功能，忽视，督察和改进功能。实际上，依法治校指标评估体系既要注重评估与考核的功能，又要注重监督与完善的功能，前者是后者的手段，后者是前者的目的，两者共同构成了完整的绩效系统。发现问题、解释问题的最终目的是解决问题和改进问题。在现有的评估体系中均未能体现学校对出现的问题解决成效的评估，忽视了改进功能。因此，应加强对学校督察和改进功能的系统设计，使其形成完整的评估体系。

### （四）利益相关者参与的范围需要进一步拓展

纵观中小学依法治校评估体系，评估主体多为教育主管部门和学校人员，学生、家长的参与机会较少，而社会人士、教育合作机构及其他类型的利益相关者在依法治校评估实践中更是鲜有足迹，这不利于各方意见的收集和各方利益的关切。近年来，国务院发布《关于进一步加强农村教育工作的决定》明确规定，切实扩大民主，保障教职工对校长选拔任用工作的参与和监督，并努力提高社区和学生家长的参与程度。在进行依法治校的评估的过程中，应充分保障不同群体、不同利益相关者的广泛参与权、知情权、建议权和发言权。

### （五）评估方式单一，科学性和效益性需要进一步提升

数据的来源、途径、质量、真实性、准确性以及科学的调查、使用方法都会对评估的可信度产生巨大影响。一个让人认可、信服的评估要确保收集和选择信息的真实性与有效性，积极回应亟需解决的相关问题及其他相关者的利益诉求。因此，一个科学有效的评估方式需要极高的技术性支撑，评估方式的设计和操作直接关乎评估结果的公正性与价值性。在现有的评估方案中，主要采用了问卷调查、网上备案、专家评价等评估方法，评估方式较为单一，应多方面、多渠道地汇集各种信息，从多种角度运用多种方法进行评估，如增加资料查询法、座谈会法、个别访谈法、家访法、委托社会第三方机构评估法等。需要注意的是，任何一种评估方法都有优势，也存在不足。要形成科学、有效的评估，必须在依法治校评估实践中综合使用多种方法，使通过各种方法收集的数据相互支持和相互佐证，从而得出准确、有效的评估结论。

## 二、重庆市中小学依法治校评估体系产生问题的原因分析

### （一）认识存在误区，意识比较薄弱

重庆市一些中小学领导对依法治教、依法治校重要性的认识不足，存在着误区，对依法治校的基本内涵的理解产生了两种错误的观念：一种是用"以法治校"取代"依法治校"，另一种是用"以罚治校"取代"依法治校"。"以法治校"与"依法治校"虽然仅有一字之差，但体现了截然不同的治理理念。"以法治校"是仅将法律看成中小学管理者进行学校事务管理的工具和手段，这种治理理念带有较强的功利色彩。而"依法治校"是将法律作为学校管理中人行为的依据和准绳，这种治理理念充分体现了中小学管理者对法律的尊重和遵守。法的社会功能包括

指引、评价、教育、预测和强制等，作为一种强制手段，惩治当然属于法律的功能范畴，但是将"依法治校"看作"以法治校"是不正确的，这是对依法治校的严重曲解，还有可能会侵害到广大师生的合法权益。

### （二）中小学内部管理体制滞后

"重人治，轻法治"是封建法治的突出特征，中国两千多年的封建专制对法治的影响非常深远，封建社会时期的"人治"不仅是一种治国方略，更渗透到社会的各个层面，并作为社会意识形态和社会文化现象传袭下来，对今天实施的依法治国方略存在较大的负面影响。从某种意义上来说，"人治"和"法治"是两种截然相反的管理模式，在传统的行政管理中，为建立稳定的统治秩序和社会秩序，"人治"是要借助法律实行专治和独裁，个人权力大于国家法律，使法律成为权力的工具。其特点是重人情，轻理性；重权威，轻法制。"法治"则是一种依法办事的社会状态，强调的是依法治理，用法律制约管理决策的随意性，反映理性的价值取向，即法律至上、尊重民主、法律面前人人平等。"人治"为一人之治，"言随法出""一言立法""一言废法"，强调个人崇拜和道德教化，具有很大的不确定性。"法治"是依据能体现民意的"法"对权利和义务进行公正、科学、合理的配置，具有确定性、公开性和可诉性的特点。传统的中小学内部管理体制是以"人治"为特征的政府行政管理模式在学校的延伸。有些问题是中小学内部体制造成的，为数不多的中小学在内部管理中存在着组织机构臃肿、人浮于事的问题，行政人员多于教师。

## 第三节　重庆市中小学依法治校评估指标体系构建的对策与实践路径

### 一、重庆市依法治校评估指标体系构建的总体要求

#### （一）指导思想

高举中国特色社会主义伟大旗帜，全面贯彻落实党的十九大精神，以习近平新时代中国特色社会主义思想为指导，坚定不移走中国特色社会主义教育发展道路。全面贯彻党的教育方针，坚持社会主义办学方向，认真贯彻市委五届历次全

委会精神，落实立德树人根本任务，培养德智体美全面发展的社会主义建设者和接班人；保护公民享有的教育权利，保障教育公平；依法办学，保证教师、学生的主体地位，依法保障师生的合法权利；保证学校按照法律要求、贯彻法治精神，规范、高效地做好人才培养工作，为实现教育现代化打下坚实的基础。

## （二）目标任务

到 2020 年，依法治校在中小学全面落实，学校全面贯彻执行党和国家的教育方针、政策、法律法规，形成完备的学校规章制度体系，内部治理结构不断完善，师生合法权益得到有效保障，依章程办学实现全覆盖。实现学校严格依法实施管理、权力透明、高效运行；教育教学活动有法可依、规则清晰、程序明确；校长、教师依法执教的意识与能力显著提升，青少年学生法治教育体系健全完备；中小学依法治校水平大幅提升，争创国家依法治校示范校、创建市级依法治校示范校500 所，依法自主办学能力不断提升。

## 二、重庆市依法治校评估指标体系构建的对策及实施路径

### （一）建立健全以章程为核心的学校制度体系

#### 1. 依法制定学校章程

中小学要结合本校实际，依法依规制定章程，教育行政主管部门要在学校设立审批过程中对章程严格把关，加强对已有中小学章程建设的指导，规范章程标准，做好章程备案工作，加强随机抽查，建立章程执行和监督评价机制。到 2020 年，全面实现"一校一章程，章程有特色；校校有制度，制度要落实"的目标。

#### 2. 规范制度制定程序

依据法律和章程的原则与要求，建立健全学校内部管理制度，规范制度制定程序。学校制定各项制度要经学校法律顾问做合法性审查，并报校长办公会或校务会研究审议，重大制度必须由教职工代表大会讨论通过。对于涉及师生利益的重要制度，实施前要进行公示，未经公示的不得施行。学校章程和各项制度应通过多种渠道公布，便于师生和社会了解、查阅、监督执行。

#### 3. 建立制度清理机制

做好中小学校规章制度的清理、审查工作，及时修改和废除与法律法规相抵

触的、不符合学校章程和改革发展实际需要的或相互冲突的管理制度。各中小学要加强内部管理制度文件的清理工作，清理结果向师生公布。新的教育法律法规、规章或者重要文件发布后，要及时修订校内相应的规章制度。

## （二）完善学校内部治理结构

### 1. 健全科学民主决策机制

加强党组织建设，充分发挥基层党组织在学校治理中的政治核心作用。完善民主决策程序，健全校长负责制，制定校务委员会实施办法，建立由学校负责人、教师、学生及家长代表、社区代表等参加的校务委员会。民办学校和中外合作办学机构要健全学校董事会或者理事会的议事规则。职业学校要建立有行业企业人员参加的学校理事会或董事会，形成校企合作决策机制。健全决策程序，有关学校发展规划、基本建设、重大合作项目、重要资产处置以及重大教育教学改革等决策事项要进行合法性审查，开展合理性、可行性论证和风险评估。完善决策执行与监督机制，要跟踪决策的实施情况，通过多种途径了解教职员工及有关方面对决策实施的意见和建议，全面评估决策执行效果。学校因违反决策规定出现重大决策失误造成重大损失的，应按照谁决策、谁负责的原则追究责任。

### 2. 完善民主管理和监督机制

落实教育部《学校教职工代表大会规定》和《重庆市学校教职工代表大会实施办法》，建立、完善学校教职工代表大会制度，保障教职工依法参与学校管理。涉及教职工切身利益的制度、事务要经教职工代表大会审议通过；涉及学校发展的重大事项要提交教职工代表大会讨论。制定涉及学生利益的管理规定，要充分征求学生及其家长意见。积极拓展学生参与学校民主管理的渠道，充分发挥共青团、学生会等学生组织在民主决策机制中的作用。

### 3. 健全家长与社会参与机制

学校要依法制定家长委员会规程，健全家长委员会制度，保障家长委员会对学校、教师的管理活动、教育教学实施监督，定期与家长委员会进行沟通，听取意见。涉及学生个体利益的活动由学校或者教师提出建议和选择方案，提交家长委员会讨论、选择。探索完善家长委员会的组织形式和运行规则。建立学校与社区合作机制，鼓励学生参与社区建设和社区教育，完善与社区、有关企事业组织合作共建机制。

**4. 抓牢法治思维的树立**

制定教育法治化中长期规划，明确依法治教的目标任务和路线图，探索构建"政府管教育，学校办教育，社会评教育"的新型关系，用法治思维推动教育综合改革，充分发挥法律在教育改革中的引领、规范和推动作用。推动法制教育进校园、进课堂、进教材工作，落实中小学法制教育地方课程，每月2课时，全市8万余学生征订《法制教育》重庆地方教材。将法治课程纳入国民教育体系，加强对教师社会主义法制教育培训，在大中专院校和中小学校普遍开设法治知识课程，落实计划、课时、教材、师资和经费。

**5. 抓实机制体制的完善**

健全决策机制，严格执行依法决策"五大程序"（公众参与、专家论证、风险评估、合法性审查、集体讨论决定）。加大执法力度，加强对非学历教育培训市场混乱现象的执法监管。实行权力清单管理，建立、完善行政机关正面权力清单和学校负面清单，推进机构职能转变。建立教育法律维权服务机制，设立公职律师，依法办理教师、学生申诉及维权案件，保护师生合法权益。根据《重庆市教育督导条例》，完善督导制度和监督问责机制，强化对区县政府落实教育法律法规和政策情况的督导检查，建立督导检查结果公告制度和限期整改制度。

**6. 抓活平台载体的搭建**

打造依法治教的浓厚氛围，举办重庆市教委机关干部法治培训班，组织机关干部职工到监狱开展廉政警示教育，强化干部党员的法治观念教育和理想信念教育。加大依法治教示范校建设，完善各类学校内部治理结构，做好学校章程建设工作，实现"一校一章程"目标，并监督学校章程执行情况。开展依法治校示范校评比工作，共评出"依法治校示范校"204所，为依法治校工作树立学习典型和标杆。动员全市各级各类学校围绕主题开展形式多样、内容丰富、亮点突出的宪法日宣传教育活动。各中小学通过班会、法治专题课、晨读课、渗透式教学、升旗仪式等形式积极参与，精心组织，营造全市教育系统上下联动、全员动员的良好态势。

## （三）建立自由、平等、公正、法治的育人环境

### 1. 依法规范办学行为

学校必须依法依规开展教育教学和管理活动，按照国家、地方课程方案和标

准，开齐开足国家和地方要求的各门课程。规范招生行为，依法建立健全对招生权的监督机制，按照权力监督的要求，建立职责清晰、相互配合、有效监督的招生程序和制度，重视信息公开，提高招生过程的透明度。建立健全相应的教育教学管理和质量控制制度、评估反馈机制。

### 2. 建设平等校园环境

大力弘扬平等意识，在学校体制和制度方面落实和体现师生平等、性别平等、民族平等、管理者与师生平等的理念。强调师生平等；尊重学生的意见与建议；尊重学生的主动精神，保障学生平等参与教育教学活动、使用教学资源等。消除任何以不正当方式对学生进行分类和实施区别对待的制度、管理措施和手段。切实保障残疾人的平等受教育权利，创造条件帮助残疾学生克服残疾障碍，提供必要的支持以及合理便利。

### 3. 尊重和保护学生权益

学校管理规则要体现公平、公正的原则，保证学生在使用教育教学设施、资源，获得学业评价，获得奖学金及其他奖励、资助等方面受到公平、公正对待。坚持育人为本的价值理念，尊重和保护学生的人格尊严、基本权利，在法律的框架内，创设有自身特色、符合学生身心特点和接受能力的管理方式。完善处分学生的程序与规定，要做到事实清楚、定性准确、依据充分、程序正当，重教育效果。保障学生的人身权、财产权和受教育权不受非法侵害。

### 4. 尊重和保障教师权利

按照法治原则与法律要求，重构和完善教师管理的理念与制度，实施以法治为基础的管理。按照法律和国家规定，结合学校的实际与特点，制定权利义务均衡、目标任务明确、具有可执行性的聘任合同，经教职工代表大会审议后实施。依法建立、完善教师聘用、职称评聘、继续教育、奖惩考核、资格的注册等制度规范，保障教师享有合法权益和待遇。充分尊重教师在教学、科研方面的专业权力，尊重教师在课堂教学、科学研究中的主动性与创造性，保障教师从事科学研究的自主性。依法落实教师职业道德规范，强化师德建设，细化和落实对教师职业道德的要求；结合师德规范和法律规定，对教师的基本行为规范做出规定。

# 第七章　中小学依法治校的基本实践途径

## 第一节　依法治校的法律依据与主体构建

教育法在实施过程中遇到了很多问题，其中一个很重要的问题就是违反教育法的案件时有发生。这就涉及对违法者的处理问题，也即违法者的法律责任问题。法律责任专指行为人违反了有关法律规定而必须承担的法定后果。通过追究法律责任，被违法行为所破坏的法律关系和法律秩序得到重新恢复，从而使法律秩序得到保护，正义与公平得以实现。法律责任有很重要的地位，我们在学习法律责任时，需要分清法律责任的类型，以便找到相应的法律责任承担方式。

### 一、教育法律法规的归责

#### （一）法律责任的类别

法律责任的类型是指承担法律责任方式的类别。法律责任以不同的角度或按不同的分类标准，有多种不同的划分方式，其中最常见的分类是按违法的性质和危害程度的不同划分。依此标准，法律责任可分为民事法律责任、行政法律责任、刑事法律责任和违宪法律责任。

1. 民事法律责任

民事法律责任是指违反了民事法律规范而应当依法承担的民事法律后果。根据《中华人民共和国民法通则》规定，承担民事法律责任的主要方式有 15 种：停止侵害；排除妨碍；消除危险；返还财产；恢复原状；修理、重做、更换；赔偿损失；支付违约金；消除影响、恢复名誉；赔礼道歉；训诫；责令具结悔过；收缴进行非法活动的财物和非法所得；罚款；拘留。

### 2. 行政法律责任

行政法律责任是指违反了行政法律规范而应当依法承担的行政法律后果。现行的教育法中规定政府及其教育行政部门调整教育活动中的行政关系，具有行政法的属性，违反教育法律法规的行为本身带有行政违法性。根据《中华人民共和国教育法》《中华人民共和国义务教育法》等法律法规的规定，行政法律责任的承担方式主要有通报批评、撤销违法决定、撤销违法的抽象行为、行政赔偿等。

### 3. 刑事法律责任

刑事法律责任是指违反了刑事法律规范而应当依法承担的刑事法律后果。我国刑法规定的刑罚分为主刑和附加刑两类。主刑包括管制、拘役、有期徒刑、无期徒刑和死刑五种；附加刑包括罚金、剥夺政治权利、没收财产三种。人民法院审理案件时，对犯罪人依违反教育法律法规的不同行为和情节，给予刑事制裁。

### 4. 违宪法律责任

违宪法律责任是指因违反宪法而应当依法承担的法律后果。

## （二）法律责任的归责

一般来说，追究法律责任需要将法律责任进行归结，这种归结是一个复杂的责任判断过程，这个过程依靠的就是归责原则。在判断、确认、追究以及免除法律责任时必须依照一定的标准和规则，这就是归责原则。

根据各国立法的现实状况，一般采取的归责原则有过错责任原则、严格责任原则和公平责任原则。

### 1. 过错责任原则

过错责任原则是指主体由于过错侵害了他人权利而应承担法律责任。在过错责任原则中，行为人是否有过错是最核心的问题。

### 2. 严格责任原则

严格责任原则也称为"无过错责任"原则，是指因行为或与行为相关的事件对他人的权利造成损害而承担法律责任。这种归责原则认为，只要行为人的行为造成了危害的结果，行为人就要承担法律责任。例如，高压电线被风刮断，电死了行人，电业局也要承担责任，这就是无过错责任。

3. 公平责任原则

公平责任原则是指当事人双方在对造成损害均无过错的情况下，由法院（法官）根据公平概念，结合当事人财产状况及其他条件，确定一方对另一方的损失给予适当补偿。

具体来讲，确认和承担法律责任时，通常还应遵循下列几项重要原则：

（1）责任法定原则，即法律责任必须在法律上有明确具体的规定，任何人都不得向他人实施和追究法律明文规定以外的责任。

（2）责任自负原则，即只有实施了违法行为的人才独立承担相应的法律责任；在追究当事人法律责任时不允许株连。

（3）违法行为与法律责任相适应原则。

（4）责任平等原则。任何违法行为都必须受到追究，任何人都没有逃避法律责任的特权。

（5）惩罚与教育相结合原则。对违法的惩罚只是手段，目的是教育违法者和其他公民避免重蹈覆辙，增强守法的自觉性。

### （三）法律责任的构成条件

我们在确定归责原则后，还要分析法律责任是由哪些条件构成的，引起法律责任的条件就是所谓的要件。法律责任的构成要件就是指构成法律责任所必备的客观要件和主观要件的总和。法律责任的构成要件包括主体、违法行为、心理状态、损害事实和因果关系五个方面。

（1）主体。法律责任构成要件中的主体是指具有法定责任能力的自然人、法人或其他社会组织。有时，法律责任中的主体不限于一个。例如，在化学实验室中毒案中，学校以法人的身份作为主体，化学教师及实验员以自然人的身份作为主体。学生也是法律关系中的主体，但是大家需要注意，未成年学生不能作为承担法律责任的主体，这一点要与法律关系主体相区别。

（2）违法行为。引起法律责任的行为是违法行为，或者侵害了法定权利，或者不履行法定义务。有的案件既有侵害法定权利的行为，也有不履行义务的行为。例如，化学实验室中毒案中法律责任的行为既有违法行为，即学校没有在实验室安装通风设备，也有不履行义务行为，即化学教师和实验员没有向学校提出意见，也没有履行其应有的责任。

（3）心理状态。构成法律责任要件的心理状态是指行为主体的主观故意和主观过失，通称主观过错。例如，化学实验室中毒案主要是由于学校、教师及实验员对教学设施的疏忽导致的，因此存在主观过失。

（4）损害事实。所谓损害事实，是指行为人的违法行为对受害方构成客观存在的确定的损害后果。例如，化学实验室中毒案的损害后果是，15名学生在实验室中度中毒，多数学生和化学教师轻微中毒。

（5）因果关系。因果关系是指违法行为与损害事实两者之间有必然的联系。例如，化学实验室中毒案中，正是由于学校、教师及实验员的行为导致了损害事实，两者存在着直接的因果关系。

## 二、教育法规的效力和解释

教育法的效力是指教育法的生效范围，即教育法在什么时间、什么地域、对什么人或组织发生效力。

教育法首先具有时间效力，时间效力是指教育法何时生效和何时失效以及溯及力问题。

### （一）教育法的生效时间

教育法的生效时间一般根据教育法的性质和需要而定，主要有以下两种情况：

（1）从法律颁布之日起立即生效施行。例如，《教学成果奖励条例》自1994年3月14日发布之日起施行。

（2）法律颁布后并不立即生效，而是在法律中另行规定生效时间。例如，《中华人民共和国教育法》于1995年3月18日通过并公布，但直到1995年9月1日才开始生效。

### （二）教育法的失效时间

教育法的失效（终止时间）主要有以下三种情况：

（1）新的教育法颁布后，原有同类教育法自行失效。

（2）在新的教育法中明文规定原有旧法废止。例如，2002年12月28日第九届全国人民代表大会常务委员会第三十一次会议通过《中华人民共和国民办教育促进法》，在附则中明确规定：本法自2003年9月1日起施行。1997年7月31日国务院颁布的《社会力量办学条例》同时废止。

（3）因完成特定的历史任务而自行失效。例如，1987年6月30日公布的《关于高等学校毕业生统一分配工作调遣费开支的规定》，由于目前高等学校毕业生统一分配的制度已经取消，该规章自然失效。

### （三）教育法的溯及力

法的溯及力又称"溯及既往的效力"，是指新法施行后，对其生效以前的事件和行为是否适用的问题。如果适用，就有溯及力，反之，就没有溯及力。除法律法规特别规定外，教育法一般无溯及力。例如，在《中华人民共和国义务教育法》出台之前，我们不说是义务教育，而是普及教育，普及教育不具有强制性，所以适龄儿童家长不送子女上学，也不能追究其法律责任。但《中华人民共和国义务教育法》出台以后，即使以前没有及时送其子女上学的，也不能再去追究其责任，我们就说《中华人民共和国义务教育法》不具有溯及力。

教育法具有空间效力。空间效力即地域范围的效力，是指教育法在什么地域范围内发生效力。由于教育法的内容和制定的机关不同，地域效力范围也不同，大致有以下几种情况：

（1）在全国范围内生效。全国人大及人大常委会制定的法律，国务院制定的行政法规和发布的决议、命令等，除本身有特殊规定外，在全国范围内生效。

（2）在局部地区生效。在局部地区生效有两种情况：一是有些教育法虽是由中央国家机关颁布的，但本身明文规定了生效范围，因而只能在其规定的区域内生效；二是各省、自治区、直辖市的地方国家机关制定的地方性法规、自治条例和单行条例只在其管辖范围内生效。例如，我国于 2002 年颁布的《中华人民共和国民办教育促进法》在全国范围内适用。2006 年，内蒙古自治区通过的《内蒙古自治区实施〈中华人民共和国民办教育促进法〉办法》只对内蒙古地区的民办教育具有法律效力。

此外，还有在域外生效的。法律条文明确规定具有域外效力，其效力范围可以超出国界。

教育法对人的效力亦有不同。对人的效力是指教育法适用于哪些人，即对什么人发生效力。在我国，教育法对人的效力有以下几种情况。

（1）对我国领域内的中国公民和组织的效力。对我国领域内的中国公民和组织的效力包括两种情况：一是全部有效；二是部分有效。

（2）对我国领域外中国公民和组织的效力。依据国际惯例和我国法律的规定，我国领域外的中国公民和组织既可以适用我国法律，也可以适用他国法律。

（3）对我国境内的外国公民和组织的效力。我国境内的外国公民和组织原则上适用我国法律，但法律有特殊规定的除外。

教育法的解释就是根据教育政策和该项教育法的立法意图，对教育法的具体内容和含义做必要的说明。通过对教育法的解释，首先，可以阐明该项立法的目的以及该项立法的过程，使人们更深刻地理解该项立法，有利于教育法执行和遵守；其次，可明确该项立法的具体含义、适用条件，便于司法机关和行政机关具体适用和执行，保证教育法的统一性；再次，可以讲清该项教育法的具体意义和作用，增强广大人民群众法制意识，起到宣传和预防的作用，有利于教育法的遵守。如果没有对教育法的正确解释，人们就不会准确地理解教育法，那么必然不能正确执行和遵守教育法。

之所以对教育法进行解释，主要有以下几个方面的原因：首先，教育法的篇幅有限，而所要规定的对象是无限的，因此教育法不可能也不应该对有关的一切事项做出详尽无遗的规定。这就需要对教育法进行解释，以明确该法究竟适用于哪些具体行为。其次，教育法在实施过程中所面对的时间、空间、事件等具体情况是千差万别的，同时客观条件又是不断发展变化的。教育法当初制定时的意图也必然应有新的含义。为了在新的形势下，更准确地理解和执行教育法，需要对教育法进行解释。再次，我国的教育法刚刚起步，经验不足，开始必然要粗略一些，以后才能逐步完善，在这个过程中，不能完全依靠查照法律条文，还要较多地依靠有关部门的解释。如果没有对教育法的正确解释，人们就会对教育法的立法意图和教育法条文的具体含义等产生分歧，对违法还是合法、重罪还是轻罪等问题的看法产生分歧。因此，可能在遵守和执行教育法中违背立法目的。为了保证教育法的统一性，保证教育立法目的的实现，就需要对法律加以正确的解释。法律解释的形式是多种多样的，在我国，根据解释的主体和效力的不同，可分为法定解释和学理解释两大类。

法定解释又称有权解释、正式解释，是指由特定的国家机关依照宪法和法律所赋予的职权，对有关法律规定进行的解释。

《中华人民共和国宪法》第67条规定，"全国人民代表大会常务委员会行使下列职权：（1）解释宪法，监督宪法的实施……（4）解释法律……"这说明在我国解释宪法和法律的最终权力掌握在全国人民代表大会常务委员会手里。全国人民代表大会常务委员会所做的解释称为立法解释。

但是，由于全国人民代表大会所做的解释只是一般的原则性的，并不具体针对哪个案件，也不具体针对哪个部门或地区的具体情况，因此司法部门和行政部门在适用法律时，还需要根据具体案件或具体情况进一步解释法律。当然，他们的解释不能违反全国人民代表大会常务委员会的解释原则。司法部门对法律的解释称为司法解释，行政部门对法律的解释称为行政解释。因为我国的宪法是统一的，所以部门的解释应当一致，以全国人民代表大会常务委员会的解释为准。立法解释、司法解释和行政解释都属于有权解释。

此外，还有学理解释（又称无权解释、非正式解释、法理解释），一般是指社会组织、学者和报刊等对有关法律进行的法理性的、法制宣传性的解释。学理解释一般来说属于研究性质。这种解释的特点是法律上没有约束力，不能作为实施法律的法律依据。尽管如此，这种解释仍然是十分必要的，对正确理解法律和实施法律，以及提高广大干部和人民群众的法律意识，增强法制观念，加强社会主义法治建设，具有不可忽视的作用。

法定解释与学理解释又可称为有权解释和无权解释。有权解释和无权解释之间是互相联系的。首先，立法机关、司法机关、行政机关工作人员都需要学习法学理论，用以指导自己的立法、司法和执法工作，这样无权解释就可能变为有权解释。其次，法学理论工作者通过调查研究，摆事实，讲道理，可以充分使人们认识到现行有权解释是错误的、片面的，有权解释就会被改正或补充。因此，从法学理论上对法律进行探讨是完全必要的。同样，对如何解释教育法进行探讨也是完全必要的。

当然，对法律的宣传、解释必须符合法律规定本身，必须采取严肃和负责的态度，有利于法律的正确实施。否则，会在实践中造成思想上的混乱，对国家的法制工作产生不良影响。

解释法律的方法不同，对法律的理解也就不同，其含义也会因之而变。所以，了解解释法律的方法，对正确执行法律也至关重要。解释法律的方法一般有两种：严格解释和自由解释。

严格解释是指法律所规定的项目不仅是授权，也是对权力的限制。一般来说，对规定使用教育经费的权力的法律应做严格解释。也就是说，教育机关只能按照法律所列举的项目使用经费，不能超出所列举的项目范围，对于法律没有列举的项目，教育机关无权使用经费。

自由解释是指对法律的解释应当有利于实现法律的目的，也就是应当考虑立法机关的意图。对规定义务教育年限的法律一般采用自由解释的方法，也就是说地方各级人民政府所规定的义务教育年限可以超出法律规定，但不能低于它。法律规定的是最低标准，按照立法机关的意图来看，并不限制提供更长的义务教育年限。如果法律规定义务教育年限为九年，而地方政府根据自己的实际情况将其确定为十年，那是允许的。

对法律的解释并不是固定不变的，随着形势的不断变化，法律规范本身在不断变化，解释也在不断变化。解释的变化也是为了保持法律的稳定性。世界各国对法律的解释都是随着形势的变化而变化的。美国的宪法二百年来基本上没有改变（陆续增加了二十六条修正案），就是靠法院的解释维持的。尽管条文的文字形式没有变，但其含义随着形势的需要，经过法院的解释发生了许多变化。正是通过法院的解释，他们远在二百多年前制定的宪法才适应了他们今天的需要。我们在执行法律时对解释法律也应给予足够的重视。

# 第二节　依法治校要有法可依

## 一、依法治校必须解决有法可依

我们所说的依法治校是有严格界定的，不是任何一种规则都可以称得上是"法"。依法治校的"法"分为三个层面，一是宪法和全国人大及其常委会制定的普通法律；二是由全国人大制定的有关教育的专门法律，如《中华人民共和国教育法》《中华人民共和国教师法》《中华人民共和国民办教育促进法》等；三是国务院和教育部制定的行政法规和政府规章。强调依法治校的依据，本质上是要求学校必须依据国家的法律、法规治校，而不能违背法律和法规，或者盗用法律的名义，把自己制定的不符合甚至是违背法律法规的规章制度叫作"法"，然后再拿这个"法"治人。时下，学生、教师告学校的案件，学校往往败诉。一个重要的原因就是学校的决定没有法律依据，或者得不到法律的支持，这就导致出现合理不合法的决定。为了做到有法可依，学校应当根据国家的法律、法规和教育主管部门的规章，结合各自实际制定自治规范。由于时下好多规章是在计划经济时期或者是在计划经济向市场经济转换过程中制定的，所以这些规章已经陈旧落后，并且与其他法律、法规冲突，事实上已经失效，强行实施必然造成违法行为。这就给依法治校带来很大的困难。在这种情况下，学校应当依据法律的原则和基本规定，制定自己的校规校纪，以补充法律的漏洞和缺陷。

## 二、依法治校必须坚持有法必依

有法必依是依法治校的另一个重点和难点。各级教育行政部门首先要做到依法行政，对于应该由学校自主决定的一些事项，不要给予行政干预，按照法律赋予的权利实行对中小学的领导和管理，给学校以依法治校的合理空间。就学校内部而言，国家的法律、法规和学校的规章制度都是依法治校的"法"，都要得到不折不扣的执行。从学校目前的状况来看，无法可依的问题比较突出，有法不依的问题同样突出，于己方便时则讲"法治"，于己不便时就搞人治的管理者，时下在学校中并不算少。有法必依是实施依法治校的关键环节，必须加大检查监督的力度。要充分发挥依法治校领导小组、纪检监察机关在依法治校实施过程中的重要作用，要充分调动广大师生员工在依法治校实施过程中的积极性和主动性，要进一步健全学校依法治校的相应机构和机制，使各种"法"都能够得到良好的执行并充分发挥作用。

## 三、实现依法治校的法律途径

### （一）加强法律监督，完善监督法制

#### 1. 加强执法检查

监督各级国家机关及其工作人员严格执法，把工作重点逐渐转移到法律监督上来，保证已经制定的教育法律的有效实施，是当前我国教育法制建设中面临的重大课题。2018 年 12 月 13 日，习近平总书记在主持十九届中央政治局第十一次集体学习时讲到："国家监察是对公权力最直接最有效的监督。"我们把所有行使公权力人员纳入统一监督的范围，解决了过去党内监督和国家监察不同步、部分行使公权力人员处于监督范围之外的问题，实现了对公权力监督和反腐败的全覆盖、无死角。如今我国的教育执法监督工作不断加强。从中央来看，几乎每年都有全国人大常委会、国务院、国家教育行政部门组织的教育执法检查。例如，2019 年 4～5 月，甘肃省人大常委会对《中华人民共和国义务教育法》和《甘肃省义务教育条例》进行执法检查，重点检查了教育经费投入问题，学生辍学问题，择校热、大班额问题，乡村教师结构性缺员问题，等等。

#### 2. 全面推进法律监督

要全面推进我国的法律监督工作，建立健全法律监督机制，完善监督法制，当前可从这几个方面着手。一是加强人大的执法监督权力。人大的执法监督权力是人大作为权力机关拥有的一项重要权力。由人大产生的政府是执法的主要部门。因此，人大及其常委会的执法监督的对象首先是政府。当前，必须进一步加强和完善人大及其常委会对各级政府实施教育法规情况的监督检查，要对在教育方面执法不好、问题严重的责任者进行依法处理，以维护教育法规的尊严和权威。二是要按照《关于开展加强教育执法及监督试点工作的意见》的要求，在全国范围内，进一步加大教育执法监督试点工作的力度，将试点工作不断推向深入。要注

意及时总结、宣传、推广教育执法监督进程中好的经验和做法，对于教育执法监督的先进典型，要大张旗鼓地进行表彰奖励。要通过试点工作的开展，探索、建立教育行政执法监督制度，使教育执法监督工作逐步走向规范。三是要进一步完善监督法规，使监督具体、明确。对已颁布的教育法规，可以制定相应的实施细则，使监督更加具有可操作性。四是要建立科学的监督标准、严密的监督程序和合理的监督方式，使监督处处受法律保障，提高监督效果。另外，与监督权有关的一些制度，如人事制度、诉讼制度、回避制度等都应保障监督权的顺利实。

## （二）开展普法教育，增强全民的法律意识

### 1. 领导干部要带头学好法律知识

依法行政是依法治校的前提和保障，各级教育行政部门要按照依法治校的要求，切实转变不适应形势需要的行政管理方式、方法，依据法律规定的职责、权限与程序对学校进行管理。学校管理者应摒弃人治的思想，树立以人为本、依法治校的办学理念，认真学贯彻《中华人民共和国教育法》《中华人民共和国义务教育法》等法律、法规，在日常工作中依法办事。

### 2. 深入开展普法教育，增强全民的法律意识

学校广大师生知法守法是高校依法治校的必然要求。依法治校的关键在于转变观念，以良好的法律意识、法制观念指导学校管理和教育教学工作。教育行政部门和学校要坚持育人为本的思想原则，按照全国教育系统"七五"普法规划的要求，加强对学生的法制教育。学校要把法制宣传和教育纳入工作职责范围，积极引导广大师生树立法制观念，自觉依法办事。对广大师生进行法制宣传教育，要积极利用多种形式和学生易于接受的方式，开展生动活泼的法制教育，营造良好的法制教育环境，使学生在潜移默化中感受法治精神，增加法律意识。

# 第三节　依法治校与以德治教相结合

## 一、以德治教的含义

以德治教是在教育教学过程中依靠社会道德的力量，调整各种教育现象和教育关系以使教育能有序地进行。

以德治教有广义和狭义两个方面。广义的以德治教是指在全社会对公民进行普遍的、深入的道德教育，以提高广大人民群众的道德素质，提高整个社会的道德文明水平。这种教育在我国由计划经济向市场经济转型的过程中显得尤为重要。对社会和国家的治理归根到底还是要依靠人民群众。人民群众的道德素质是治国过程中具有决定意义的因素，而要想提高公民的道德水准，教育具有不可替代的作用。

狭义的以德治教主要是在教育内部进行的。改革开放以来，为了适应社会主义市场经济发展特别是教育改革与发展的需要，我国在以德治教方面实际上已经做了大量的工作，进行了大量探索。首先抓住根本，从教育的主体——教师抓起。新中国成立以来在相当长的时期内，中国传统道德中很多优秀的东西都被当作封建糟粕否定了，外国的一些优秀师德内容也被当作资本主义的东西批判了，而代之以阶级斗争理论，空洞的政治口号，不着边际、难于操作和考核的一些模糊要求，这给师德建设和学校道德教育带来了消极影响。1997 年，教育部和全国教育工会联合颁发了《中小学教师职业道德规范》，其后，教育部等有关部门根据教育改革与发展的需要对其进行了两次修订。这是我国第一部由国家最高行业部门制定和颁布的行业职业道德规范。

《中小学教师职业道德规范》被颁布后，以此为基础，在对未来的教师——师范专业在校学生的教育中，在对在职教师的继续教育中，师德都被作为重要内容；对教师的考核、评聘教师职务和教师奖励都提出了师德方面的明确要求。教师队伍管理部门组织编写了大量的培训教材；摄制了《话说教师职业道德》《师德修养教程》等声像教材，采用组织师德标兵在全国巡回演讲等多种形式进行师德教育。今天，中小学教师整体的职业道德水平在全社会是走在前列的。

## 二、依法治校与以德治教的关系

### （一）教育法规与教育道德的一致性

第一，教育法规与教育道德的指导思想相同。在我国，教育法规与教育道德是反映无产阶级在教育方面的利益和意志的行为规则。它们同属于上层建筑，为社会主义的经济基础所决定，又反过来为社会主义的经济基础服务，所以它们在本质上是一致的。第二，教育法规与教育道德的密切关系还表现在，教育法规对提高教育道德水平有着积极作用。教育道德水平的提高固然要依靠深入细致的思想工作、各种形式的宣传以及物质条件的改善等，而教育法规的重要作用也是不可否认的。这是因为，教育法规是教育工作明确的、普遍的规范。

## （二）依法治校与以德治教

我国的教育法规贯穿着共产主义的教育道德思想，这使某些教育道德具有教育法规的性质。因此，教育法规与教育道德之间存在着密切的联系，教育法规是推行教育道德的工具，教育道德是维护和加强教育法规的重要辅助措施。然而，它们毕竟是不同的两个概念，为了更好地发挥它们的作用，我们有必要弄清它们的区别。

### 1. 教育法规与教育道德的表现形式不同

教育法规表现在与教育有关的法律、法规、条例、命令等条文中，它们是由一定的机关依照一定的程序制定的。而教育道德则存在于教育工作的思想观念之中或已经形成了社会舆论，即使有的教育道德规范已成为教育法规的一部分，相应的教育道德仍然存在于教育道德体系中，并不是说教育道德规范不存在了。

### 2. 教育法规与教育道德所调整的范围不同

教育道德所调整的关系比教育法规调整的关系广泛得多，教育法规只调整教育领域中比较重要的社会关系，而其他绝大部分关系要由教育道德来调控。一般来说，违反教育法规的行为，都是违反教育道德的行为；而违反教育道德的行为不一定都是违反教育法规的行为。

### 3. 实现的方式不同

教育法规是依靠国家强制力保证实施的，当然也要依靠广大人民群众和教育工作者的自觉遵守和支持，但它的突出特点是具有国家强制性。教育道德的实现不是凭借国家强制力，而是依靠社会舆论、教育力量、人们的内心信念和传统习惯来实现的。

### 4. 发展前途不同

教育法规存在于阶级社会中，依靠强力实现。教育道德存在于全部人类社会中，主要依靠人们的自觉遵守实现。

## 三、正确发挥教育道德的作用

### （一）教育道德是教育法规取代不了的

教育道德是人们的一种有意识的行为规范，是一个人的认识水平和实践价值的具体体现。教育法规用法律条文的形式来约束和规范人们的行为。前者具有自觉性，后者多表现为强制性，对违反教育道德的行为应坚持批评教育，对违反教育法规的行为则应由司法机关处理，但教育法规并不能取代教育道德的位置。

## （二）教育道德依靠教师的道德水平

教师是传播知识和继承发扬文化的载体，教育道德需要依靠教师来传递给学生和周围受教育的人，要想使受教育者提高认识水平和综合素质，教师必须为人师表。只有教师具有高尚的道德情操，学生才能顺利受教。所以，为了教育道德的传播和发扬，教师必须提高自身的道德水平，以便适应社会形势的需要。

## （三）必须提倡高尚的教育道德

教育道德是共产主义道德的一部分，是共产主义道德在教育事业中的具体体现。虽然我们不能要求每一个教师都按共产主义道德的标准来行动，但是我们必须大力提倡共产主义道德，让教师向共产主义道德的方向努力。

在教育工作中，必须弄清教育法规和教育道德的联系与区别，正确地把二者结合起来。对违反教育道德的应批评教育，对违反教育法规的则应交给司法机关处理。无论是把教育道德问题看成教育法规问题，还是把教育法规问题看成教育道德问题，都会给教育工作造成不好的影响。只有按照各自的特点正确处理，才能既发挥法规的作用，又发挥道德的作用，才能不断提高师生员工的思想觉悟，形成良好的校风，从而有效地维护正常的教育秩序，培养出合格的人才。

## 四、以德治教的落实问题

第一，对已经有职业道德规范的中小学教师而言，在师德建设中应当结合职业道德规范要求运用灌输、奖罚、激励等机制进行引导和教育，强化教师的职业道德观念。当然，也应提倡通过"慎独""闭门思过"等形式加强教师的职业道德修养。在强调依法治国的今天，人们往往容易忽略道德规范的力量，过分地寄希望于法律约束。作为国家公职人员，中小学教师的一言一行对学生（甚至对全社会）都有教育示范作用，对学生的终身发展影响重大，所以中小学教师对自己的要求仅仅停留在不违法的水平上是不够的。在道德方面，中小学教师不仅要成为学生的楷模，还应当成为社会的榜样。

《中小学教师职业道德规范》虽然只有八条500余字，但它的内涵十分丰富，应当结合《中小学教师职业道德规范规范》和教师职业活动实践，利用编写有关的理论书籍、摄制有关的音像教材等形式对教师进行道德教育。在教师队伍管理体制中也应当有与《中小学教师职业道德规范》相一致的导向性规定。例如，评优评奖、评聘教师职务、考核、聘任等都应有职业道德方面的可操作性和具体要求。

第二，对未来的教师特别是师范教育类专业的在校学生和准备申请认定教师资格的人员进行教师职业道德方面的教育和培训，使他们在成为教师之前就了解中小学教师的职业道德要求，以衡量自己是否愿意接受这样的道德约束，能否达到这样的道德要求。今后，所有的人员在申请认定教师资格时，还应当承诺一旦被聘任为教师，必须遵守《中小学教师职业道德规范》。

第三，加强道德教育。道德教育是社会教育的重要组成部分，是特定社会里的一定社会集团或阶级培养其理想人格、造就人们内在道德品质、调节社会行为、形成理想社会舆论和社会风气的一种不可缺少的重要手段。

青少年是国家、民族的未来，特别是广大的青少年在校学生——对他们的道德教育，或者这个群体的道德建设尤为重要。我国有近1/6的人口是各级各类学校的学生，他们对国家的发展起着举足轻重的作用。一个社会中公民道德习惯的形成，除了需要终身培养、学习、修炼外，更重要的是需要在中小学教育阶段得以培养和养成。有的道德习惯甚至在中小学教育阶段形成后终身难以改变。因此，道德教育在中小学阶段尤为重要。中小学应当按照《公民道德建设实施纲要》的要求，遵循青少年学生思想品德形成的规律，从行为习惯养成入手，对中小学生重点进行社会公德、爱人民、爱劳动、爱科学、爱家乡、爱集体、遵纪守法等方面的教育，通过强化道德教育，提高国民的基本素质，塑造合格的公民，为学生的终身发展奠定基础。

## 第四节　合理借鉴国外依法治校实践路径

### 一、美国中小学依法治校及其对我国的启示

美国通过搭建一定的平台对中小学管理者和教师以及学生进行法治教育。在互联网大规模普及之前，《法治教育快讯》是美国法治教育领域的权威刊物，该刊注重为中小学教师提供全面的、可操作的教学资源和教学指导。例如，该刊1993年第2期就充分体现了这一特点。此期刊物中有8篇文章，均围绕"历史中的法律"这一主题。这些文章从以下三个侧面分别为中小学教师提供系统的帮助。

第一，内容讲解。

该期刊物的开篇是"美国法治教育之父"伊西多尔·斯塔尔撰写的《美国历史中的法律》。在这篇文章中，斯塔尔从法律角度系统解读了美国历史，并且用一页的篇幅对其在撰写本文过程中所阅读的书籍简单地进行了分类介绍。从这个意义上来讲，这篇文章除了具有内容讲解的功能以外，也兼有下面提到的资料推荐的功能。

第二，资料推荐。

此期刊物中菲利斯·佛兰德的文章系统汇编、介绍和评价了在"美国历史中的法律"教学中可能用到的教学资料。如同该文在开篇中所说，如果我们不想将历史变成死记硬背的科目，那么我们就需要信息丰富的教学资料来开启学生的想象力和启发他们的批判性思考能力；法治教育一直强调和推崇的正是这样的主动学习。该文采用著作评述的体例，一本本介绍了与"美国历史中的法律"最直接相关的教学资料和多媒体资源，方便教师选择使用。值得注意的是，这些资料并非抽象的学术研究。它们或者是青少年可以直接阅读的读物，或者是教师可以利用的背景资料或相关教学活动汇编。作者还列出了相关资料库（国家档案、教育资料信息中心）的联系方式以及与此主题密切相关的期刊名称，供有需要的教师进一步研究和使用。

第三，方法指导。

此期刊物的 8 篇文章中，除了上面已经提到的 3 篇，其余 5 篇都是教学策略的介绍和研讨，这 5 篇同样紧密围绕着"美国历史中的法律"这一主题。其中，1篇直接谈这一主题的教学策略，3 篇分别讨论这一主题下某个子问题（平等保护、残疾人权利立法演变）的教学策略，1 篇介绍作者开发的一种集合研究、推理和举证的宪法原则教学方法。这些教学策略包括教学设计中每一个步骤的详细说明、教学中使用的地图乃至发给学生的每份材料或活动说明的完整内容。

法治教育之所以能够在美国得以独立，很大程度上就是因为其情境式的教学方法可以为公民教育注入新的活力。注重学生互动、提倡合作学习也是美国法治教育项目的成功经验之一。近年来，全国人大常委会通过的《全国人大常委会关于进一步加强法制宣传教育的决议》中也要求，"要根据青少年的身心特点和接受能力"来开展普法活动。在实践中，我国青少年普法教育要引入主动学习和体验式学习的理念，尝试情景剧、微电影、角色扮演、模拟法庭等教学方法，充分发挥学生在学习中的主体性。

学校还需要改善治理方式，使学生在日常的学校生活中践行法治。《全国人大常委会关于进一步加强法治宣传教育的决议》中指出："要坚持法制宣传教育与法治实践相结合，善于运用典型案例剖析和群众关心的热点问题开展法制宣传教育，深入推进多种形式、多种层次的法治实践活动，用法治实践推动法制宣传教育、检验法制宣传教育的实效。"对中小学而言，这意味着普法教育与依法治校相结合。或者说，在依法治校的过程中进行普法教育，以依法治校推动普法教育并检验普法教育的时效性。如同《教育部、司法部、中央综治办、共青团中央、全国普法办关于进一步加强青少年学生法制教育的若干意见》所要求的，"让学生参与学校建章立制过程和社会公共事务，提高学生的公民意识和法律运用能力"。

在美国法治教育项目中，教师一般都受过系统的法治教育培训。教师的法治态度、法治知识、法治教育的方法与技能直接关系到学校法治教育的成败。事实上，美国很多修读小学教育或中学教育专业的本科生都接受过教育伦理与教育法律的培训；在教育管理或者教育领导专业的证书项目、硕士项目和教育学博士项目中，教育法律也经常是必修课程。美国《学校领导标准》（修订版）中要求，学校管理者需要理解学校所处的法律环境，并能够考量和评价其决策可能带来的法律和道德上的后果。很难想象，一个成功的中小学管理者不具备基本的法律知识和法律分析推理能力。教育法律是教育管理者在职培训的重要内容。《教育部、司法部、中央综治办、共青团中央、全国普法办关于进一步加强青少年学生法制教育的若干意见》中提出，"中小学要聘用1～2名法制教育专任或兼任教师"；在教师培训上，要将法制教育内容纳入"国培计划"，省级教育行政部门也要组织专门的法制课骨干教师、专任教师培训班，在其他各类教师培训中增加法制教育内容。《教育部办公厅关于全面加强教师法制教育工作的通知》进一步提出，"实施中小学教师全员法制培训，通过国家和地方分级培训的方式，争取用3年的时间，确保全体教师接受不同层次、不同形式的法制培训。中小学校长国家级培训和中小学教师国家级培训将法制内容列入培训课程，地方各级教育行政部门分级组织培训班，确保全部中小学校长和法制教育教师都能接受系统的法制培训"。该通知还提出，"在教师资格考试中进一步加强法律相关内容的考核""积极推进校长依法治校能力培训基地和法制教育教师培训基地建设，为教师法制培训提供支持和服务"。《通知》明确要求，"中小学校要通过专题培训、法制报告会、研讨会等多种方式，确保每位教师每年接受不少于10课时的法制培训"。

如同对学生的普法活动要以灵活多样的形式激发其主体性那样，对校长和教师的法律培训也不能照本宣科。有效的教育法律培训重在帮助教育工作者理解法律的理念和逻辑。在此过程中，校长和教师也不再仅仅是法律知识的被动接受者，而成为法治实践的积极践行者和探索者。因此，传统的法条解读式法治培训急需变革。对于将要在全国大规模开展的教育法治培训，我们提出如下建议。第一，在教学内容上，变法条解读为案例研讨，在具体的案例情境中帮助校长和教师理解法律背后的理念和原则，并培养其运用法律知识和法律推理分析及解决工作中实际问题的能力，从源头上预防违法行为和避免法律争议的产生。第二，对于法治教师，需要有针对性地进行法律教学方法的培训和交流。第三，在培训设计和培训方法上，增强培训的互动性、启发性和反思性，调动校长和教师自主探究和反思的主动性和积极性，可借鉴参与式培训的一些理念和方法；第四，在支持体系上，可借鉴经济合作与发展组织（OECD）有关教育管理者培训的有关经验，在有限的集中培训时间之外，为校长和法治教师提供长期的辅导和咨询服务，并搭建受训人员之间的同伴交流和同伴支持体系。

## 二、日本及欧洲国家依法治校及其对我国的启示

日本教育法体系分为教育基本法、学校教育法、社会教育法、教育行政组织法、教职员法等具体分支，其中学校教育法是教育基本法的子法，是学校依法治校的具体依据。而我国教育法制体系处于初创阶段，围绕学校教育尚未形成一部学校教育方面统一的法典，这使学校管理者实施依法治校在法律依据上存在不明确、不系统的问题，我们应从理论上加强研究国外的先进做法，总结我国已有的法律、法规，为国家立法、学校管理者提供理论支持。为了使中国教育发展跟上世界潮流，必须确立一种新的学校管理理念。学习发达国家学校管理中依法治校的先进经验，已成为当务之急。

法国《高等教育法》关于学校民主化管理方面有许多可资借鉴的东西，校务委员会制度就是其中一例。虽然我国《中华人民共和国高等教育法》未将其写入，但只要与法律相一致，在实践中就可以借鉴和采纳。学校管理者必须充分理解把教育纳入法制化建设的必要性，有效运用并发挥已有的法律、法规的作用。同时，要根据已有法律，以法治精神为指导，制定学校规章制度，从理性的高度实施依法治校。

西方国家20世纪60年代在学校行政管理方面也是突出领导的作用，从幼儿园到高中阶段普遍强调领导个人因素对学校的影响，如领导和员工的关系质量、管理权的分配、领导的职责等。这种领导权变理论有它积极的一面，然而经验表明，此种观点也有其缺陷：一是具有不确定性；二是具有经验性，科学性、稳定性差。我们这里并不否认领导者在学校管理中的作用，但从学校发展的可持续性上讲，在依法治校的基础上，强调领导者的作用会使学校教育更具有稳定性和可靠性，更容易进入良性循环，学校发展也不至于因领导人的好恶而产生起伏。

世界各国的学校教育都是国民教育的主要途径，学校管理的科学化、法制化程度直接影响学校教育的质量，影响国民的整体素质和一个国家的综合国力。法

国、英国、德国等国家的发展，战后日本的崛起，都向世人昭示了这一点。战后的日本，在大力发展教育、增加教育投入的同时，制定了完整的《学校教育法》，通过法治途径规范学校管理、发展学校教育，以学校教育为主要渠道提高国民的科技和文化素质，从而促进了社会生产力的快速发展，提高了日本的综合国力。据统计，日本在 1950—1972 年间，科教在国民经济发展中的贡献率达到了 52%；美国自 1945 年以来，产出增长的一半得益于教育和科技的进步。这不能不引起我们的深思。我国科教兴国战略的实施离不开学校教育。面对新的发展机遇和挑战，我们必须强化学校的法制化管理，不断提高办学质量和效率，这是依法治校的价值定位，是我国迈入 21 世纪教育的必然选择。

# 第八章　中小学依法治校发展趋势

## 第一节　办学思想紧跟时代潮流

陶行知说，要想评论一个学校，先要评论他的校长。评论一个校长，先要评论他的办学思想。一个没有办学思想的校长，绝对办不好学校。因为，变革发展是当今学校的主题，而办学思想是学校变革发展的灵魂，是文化理念的核心，是先进思想的体现。

### 一、办学思想的动力

办学思想是校长教育思想、管理思想在如何办学上的综合反映。它一般由两部分组成，一是对办学的教育观进行理性概括的办学理念；二是符合学校发展实际的办学愿景。这两个方面构成办学的思想体系。

办学思想的创建，实质是设计学校的发展蓝图，以引领学校的发展。而创建的动力在于校长强烈的引领意识、自主创新的精神，有了这种意识和精神，才会有自己的办学思想，才可能做到发展有新的思路，改革有新的突破，工作有新的起色。

校长面对挑战，面对压力，都在为学校的声誉和生存忧虑着、思考着、奔忙着。然而，在长期计划经济体制的影响下，有的校长的思维方式单一，习惯于"传达式"的工作，上面说什么就干什么，布置什么就做什么，欠缺在适应中创新的精神。他们的决策是一种"再生决策"，主要是执行决策，也就是简单地执行的决策。他们策划引领能力比较薄弱，仅凭经验进行常规管理，维持学校正常运转，满足于做"基本称职"的校长，学校的依赖性大于自主性，规范性大于创造性，确立办学思想的意识淡薄，因此也就很难形成自己的办学思想。

在外控管理的相同背景下，北京涌现出不少全国知名的。小学有北京小学原校长吴国通、北京市第二实验小学原校长李烈、北京光明小学原校长刘永胜……这其中的原因是什么呢？他们的主要经验是在适应中自主创新，确立了独具特色的办学思想，引领学校的发展。

适应，是学校对外在要求（上级指令、社区要求等）和发展趋势（素质教育、课程改革、均衡发展等）的顺应；创新，是学校从自身的实际出发，寻找发展的新思路、新策略。适应是学校变革发展的前提，创新是学校变革发展的动力。

当前，学校处于由外控管理与校本管理相结合向校本管理过渡的阶段，在校长享有的自主权只能是相对的、有限范围的情况下，该如何去做呢？以往，优秀校长的标准是"听话的老黄牛"，而今，这个标准要改变了。前上海市教育局局长曾在一次报告中说："不听话的校长不是好校长，全听的也不是好校长。"其意思是在听的同时，要有自己的创造。像那些知名校长那样，在理解上级精神的基础上，联系学校的实际，在适应中创新，确立自己的办学思想，促进学校的不断发展。也就是说，校长要在积极执行的同时自主创新，逐渐向自主者、引领者转变，从而实现校本管理。

## 二、办学理念的生成

校长的治校行为，要从经验型向引领型转变。形成自己独具特色的办学理念，关键在于学习。校长应该是学校里最有学问的人，最具人格魅力的人。如果不重视学习，就会走向中庸。因为，刀不磨，要生锈；人不学，要落后。同时，校长办学，没有先进的教育理念来指导，没有扎实的理论功底作支撑，如何坚持正确的办学方向？如何深入开展课程改革？因此，校长要以书为伴，勤于学习，坚持每天夜读一小时，学习古今中外的教育理论，尤其是当代最先进的教育理论和科研成果，不断总结自己和他人的经验，不断积累教育智慧。

办学理念的定位要从校情出发。"新建"学校，重点是规范定位；"解困"学校，重点是生存定位；"爬坡"学校，重点是特色定位；"有特色"的学校，重点是迁移定位，把优势扩展到方方面面；"示范"学校，重点是品牌定位。

办学理念在学习的基础上，从校情、师情、生情出发，结合现实教育形势、学校工作特点和时代对教育的新要求，思考"办一所什么样的学校和怎样去办"，并从理论上加以概括，以形成自己的办学理念。

办学理念可以分为四种形态：以技术见长的办学理念（如信息技术与课程整合）、以策略见长的办学理念（如特色兴校、教研强校）、以制度见长的办学理念（校本教研制度的建设）、以文化见长的办学理念（如和谐教育、自主性教育、以人为本、促进师生共同成长）。要突出一点，不求全面，以有特色、有个性为好。

办学理念的表述形式要言简意赅，寓意鲜明，便于记忆，便于识别（理念识别、行为识别、视觉识别），与众不同。

### 三、办学愿景的策划

彼得·圣吉说："一个缺少全体衷心共有的目标、价值观和使命的组织，必然难成大器。"办学理念不仅是口号，更是使命。它需要转变成教育实践，成为学校师生的信念。因此，需要把办学理念具体化为办学的共同愿景。所谓共同愿景，就是学校全体学生、教职人员共同的愿景，以学校发展的光辉前景鼓舞人，凝聚人，催人奋进。如果一个组织没有形成共同愿景，那么，所有的活动、行为都是盲目的、短期的。

对办学理念的内涵与具体要求，要做出明确的解说。例如，北京光明小学提出的"我能行"的育人模式，其教育的内容和达到的目标概括为：相信自己行，才会我能行；别人说我行，努力才能行；你在这点行，我在那点行；今天若不行，明天争取行；能正视不行，也是我能行；不但自己行，帮助别人行；相互支持行，合作大家行；争取全面行，创造才最行。

愿景目标体现在战略安排上，短期有计划，长期有规划。目标应具体，可步步推进，切忌虚无缥缈，可望而不可即。做到一步一个新起点，一步一个新目标，年年都有新变化。

策划愿景目标的操作要点如下。

#### （一）亲自执笔

集中班子智慧，精心策划，周密思考，在对办学理念解说的基础上，设想学校未来 3 年或 5 年的发展目标，使起草过程成为反思学校发展优势、问题和潜力的过程，成为学校发展内动力的过程。

#### （二）选择对学校发展能产生重要影响的项目

学校是一个社会系统，系统内的事情千头万绪，学校不可能一下子完成所有的事情，如果不确定优先项目，全校教师就会被各种各样的繁杂事务压得喘不过气来，找不到方向，最终将导致学校工作处于应付和低水平重复的状态。学校组织的各板块、各层次任务和活动要围绕总目标制定分目标，把目标分解、细化成各部门可操作的工作内容。选择优先发展项目很重要。在选优过程中，要学会放弃过高过急的目标，放弃事事要赢的思想。个人不可能样样冒尖，事事能赢，因此要重点抓好需要赢、可能赢的事情。

发动群众讨论，让教师充分发表意见，以取得共识。把学校发展大业与教师自身发展联系在一起，使学校发展变成全校教师的内在需要，成为大家共同的使命。全校师生凝聚成一个利益共同体，同进、同荣、同胜利。

### 四、办学思想的实施

办学思想是立校之本，也是校长个人的人生追求。思路虽好，就怕不具体；措施虽好，就怕不落实。有的校长注重顺应"外在要求"，缺乏主动应对的策略，学校往往被来自方方面面的任务要求所左右，穷于应付，致使自己的办学思想无法落实。有的校长左顾右盼，三五年后，看看大家情况基本相似，就安于现状了。曾经有过的激情与梦想渐渐消退了，自己的办学思想日渐淡化，不知不觉地开始走向平庸。

为使办学思想开花结果，校长不仅要有一股为学校崛起而执着追求的韧劲，而且要善于在适应中分清轻重缓急，权衡利弊，或巧借东风，或融入常规，或精兵速战，或抓大放小，将穷于应付变为主动应对，坚持在适应中创新。

## 第二节　构建以人为本的学生管理制度

随着社会的发展，教师、学生越来越有主见，民主意识越来越强，越来越有个性，越来越重视"自我实现"。管理的真谛在于发挥人的价值，发挥人的潜能。因而，校长的治校行为在管理方式上要从权力型向人本型转变，以营建以人为本的管理文化。在管理实践中，确立人的主体地位，弘扬人的内在价值，提高人的生活质量。

### 一、构建以人为本的制度文化

校长要使学校这部机器高速、高效运转起来，需要一套切实可行的规章制度来规范师生的行为，以代替管理者的个人行为，即依法治校。依法治校让师生有章可循、有法可依，自觉地用纪律、制度约束自己的行为，保障学校以教学为中心的各项工作正常开展，为教书育人营造稳定的教学秩序，以提高组织活动的效率。

### （一）制度应简明

有的学校重视权力与服从，统得过细，管得过严，搞得教师忐忑不安，十分压抑。我们知道，制度不是管人的枷锁，而是约束行为的底线。因而，制度要简明有效，不要烦琐刻板。要从人的成长与发展的角度，考虑教师工作、生活、学习与健康的具体需要，提出方向性、原则性的要求，规定"该怎样做""不该怎样做"作为必须遵守的基本、主要的底线，不提技术性、操作性的要求，给教师留下自主空间。因为，现实工作中面临的问题往往比规范的复杂得多，与其统得过细、过死，不如让教师自主创新。

### （二）制度要通过民主程序来制定

充分保障教师有权参与事关他们利益特别是奖励条例的决策过程，使教师享有自我教育、自我管理、自我发展的权利，这是对教师最深切的关怀。这样形成的制度最大限度地体现了公平，而且教师自己参与了制度的制定，会主动执行制度，形成理想的工作局面，即"当你工作时，制度在工作；当你不工作时，制度也在工作"。谁违规，制度就罚谁。因为，制度是大家共同制定的，民主表决通过的。

### （三）制度执行的要求

制度的执行必须做到三要：一要领导自律，校长带头以身作则，不做"法外之民"；二要秉公执法，执行规章制度刚正无私，做到言必信，行必果，赏罚分明；三要有情操作，对违规者具体处理时，以团结发展为目的，充满温情，做到"制度无情，操作有情"。

## 二、营建以人为本的精神家园

长期以来，我们在教师管理上缺乏对教师生命的完整理解，往往把教师看作抽象意义上的客体——工作体。其实，教师本身就是一个需要发展的生命体。如果说学生在一所学校的生活只有六年，那么，教师在一所学校的生活可能就是一辈子。学校是他们生活的重要场所，他们一生中的喜怒哀乐主要来自学校。教师在学校生活幸福，那就意味着教师的人生幸福。因此，我们必须确立全新的教师管理理念：回归生命，关注生命，从工作体向生命体回归。

人本管理就是要从教师工作领域转变到生命领域，关注教师在学校里的生命质量，营造尊重人、激励人、关爱人、发展人的氛围，为每一个教师的幸福人生服务，让学校成为他们感情的港湾、事业的基地，成为教师焕发生命光彩的精神家园。精神家园的评价可以用简明的两个维度加以衡量：快乐与进步。

## （一）关爱生命

善待教师就是要尊重教师，信任教师，理解教师，爱护教师，努力做到像刘永胜所说的那样"我作为校长有责任让大家活得高兴，干得痛快，帮助教师干出名堂，不虚度人生"。

校长要有亲和力。校长要主动与教师交往，倾听他们的心声，读懂教师，了解他们的期望和要求，成为教师的知心人。在与教师相处中，坚持"念人之功，容人之过，扬人之长，帮人之难"，以赢得教师的信赖，使其亲近校长，热爱工作。

校长要有人情味。校长要以情待人，珍惜在一起工作的缘分，把教师当作自己的兄弟姐妹，真诚地关心教师生活的安定、身体的健康和事业的发展，时刻把教师的冷暖放在心上，尽可能为他们排忧解难，满足其合理需求，让教师心情舒畅，使教师的事业与幸福生活融为一体。

营造和谐。要着力营造民主、宽松、和谐的教师文化，让教师在和谐的氛围中愉快地生活，创造性地工作，真正体现其生命的意义。只有这样，学校才会真正成为生命共生、共存和共同成长的精神家园。人心的和谐是最重要的和谐。在有的学校，教师感到最累的不是工作带来的身累，而是复杂的人际关系带来的心累。身累，只要睡一觉，就可以恢复，而心累，会导致睡不着，睡不着便带来身体上的疲惫，造成身心俱累。

待人要公。每个人都渴求公平，崇尚公平。教师最敏感、最忌讳的就是不公平。在事关评优选先、奖金分配、职称评定等涉及教师个人利益的问题上，一定要以"公"待人，杜绝私情。教师正当的需要如果常常得不到相应的满足，久而久之，教师就会因感到受到忽视而变得消沉下来。

处事要公。对一些事情的处理，不可主观武断，不可偏听偏信，要调查研究，冷静疏导。处理得好，教师就会产生向心力、凝聚力，就会为学校出大力。处理不公势必使教师心灰意冷，产生怨气，牢骚满腹，影响积极性。

用人要公。我们要用"想干事、能干事、干成事"的人。想干事是德，能干事是才，干成事是绩。校长要坚持以德取人，以才用人，以绩论人，使教师有用武之地，有苦练内功的动力而无应付内耗的压力，有专心谋事的成就感而无分心谋人的疲惫感。唯亲、唯顺、唯礼，就会使人感到用人不公，怀才不遇，有劲无处使。人才的浪费是最大的浪费，用人不公是最大的不公。

要会赞赏。赞赏是人的心灵深处、与生俱来的渴求。人们受到赞赏感到愉悦的时候才会激情四射，活力焕发。因而，赞赏是促人向上的动力。

每个教师身上都有长处，也都有短处。校长多看教师的优点，优点就有可能被强化；反之，经常瞄准缺点看，缺点也可能被放大。俗话说，"水激则石鸣，人激则志宏"。我们要用赞赏的眼光看待每一位教师，多看教师的长处与优点，充分肯定其点点滴滴的进步，使他们获得成功的享受，让教师在被赞赏中找回自信与快乐，找回生命的尊严与幸福。

对教师的优点或成功之处，有时一个微笑，或一个亲切的动作，或一个温暖的眼神，或一句鼓励的话语，及时给予肯定，就可以使他们在被赏识中，感到自己存在的价值。赞赏不一定要用奖金，但一定要用真情。真情赞赏，真心赞赏，才有力量。赞赏不需占用太多的时间，也不一定要在庄严的会场，只要有一双慧眼，时时可赞赏，处处能赞赏。赞赏使教师心情舒畅地投入工作，激发教师产生强大而持久的工作动力。

### （二）关注成长

教师最大的追求是专业提升、事业有成。倘若如愿，教师的职业生命就会大放光彩，教师就能感受到成长的快慰。因此，校长对教师专业成长、事业进步的关心是最大的关心。

人才强校促成长。在所有的教育资源中，最宝贵的是人力资源。因而，要有效地进行人力资源的开发，大力建设学习型学校。校长要积极倡导"学习的意识，就是成长的意识""学习的能力，就是竞争的能力"，形成人人有学习的自觉，个个有思考的习惯，促进教师专业情感、专业能力、专业道德的不断发展、不断提升；构建优秀教师成长的机制，开展新苗、新秀、教学能手、教学骨干、学科带头人系列评选活动，并给予压担子，出点子，搭台子，给面子，为教师创造实现自我价值的机会；实施"青蓝工程"，组织外出参观学习，提供再教育和发展的机会。积极开展校本培训，发挥名师、学科带头人的辐射带动作用，积极扶持青年教师成长；逐步建立重实绩，重贡献，向优秀人才倾斜的分配机制。

科研兴校促成长。新世纪课堂教学的一个重要特点就是教育行为对教育科研的依赖性。只有科研的深入开展，才有教改的深入发展。因而，首先要营造浓厚的学术氛围，把教师的注意力和精力引导到潜心做学问上来，使其不断地超越自我，消除自我感觉良好的认识障碍，使教师始终处于一种奋进状态。其次，以行动研究为校本教研的主要方式，力求达到组组有课题，人人有任务。建立一套校本教研的规章制度，用以规范教师的教研行为。在课题研究的立项、实施、结题、鉴定方面，提供指导与帮助。再次，培养团队精神，倡导协作攻关，相互切磋，相互学习，取长补短，让教师在校本教研中寻求工作的乐趣。以科研育名师，以名师建名校。

质量立校促成长。质量是学校的生命，而质量的提升，关键在于课改。课改是文化的再造，改什么，不改什么，做什么，不做什么，是价值取向问题。以为有改的价值，才改；以为有必要做的，才做。因此，校长要站在课改的前沿，积极创建课程文化——合作文化、对话文化、探究文化。校长不仅要做教坛上的能手，更要做课改的旗手，坚持德育为先，引领课改，与教师同学习、同探索、同反思、同研究、同转变，帮助教师破解教学中的困惑与难题，引导教师感悟到投身课改不仅是奉献，也是在获取自身的成长、成功的快乐、生命的价值，实现生命价值与职业价值的内在统一。

优秀校长必须有坚定的原则性和鲜明的是非观。"好好先生"很难做好校长工作。但校长又应该通情达理，在解决矛盾、做出决策时，善于灵活应变。

要把握好刚与柔的分寸。校长的性格过于刚烈或柔弱，都会导致管理的失败。过于刚烈，经常与人产生冲突，会导致人际关系紧张，不得人心；过于柔弱，容易导致人心涣散，没有效率。正如古人所云："刚不及而柔过之易失威；柔不及而刚过之，则失众。"刚柔适度，巧于善后。"大炮式"的校长适合刚性管理，但容易伤人感情，要有人情味；采用柔性管理的"老好人"校长擅长团结下属，但要有原则性。

校长由于职务关系在校内有时无法不得罪人，得罪人皆是不得已而为之。但只要是出于对教师成长的关注，对事业的关心，就会得到教师的理解和支持，就会创建一个和谐的教育团队。

综上所述，需要强调的是，管理意指既要管，更要理，三分制度七分情。管是制度性的，刚性的；理是人文性的，柔性的。两者要有机结合，刚柔相济，才能取得治校的最佳效果，也才能更好地争一流，创特色，上台阶。

## 第三节　分工合作完善民主机制

当今中小学的领导班子一般是由校长、书记、副校长及各处室主任组成。由于学校工作的常规性较强，班子成员的岗位职责一般是将授权与分工融为一体，实行条块结合、分工负责的管理模式，在实施，缺乏对分工机制的优化。其中缘由，既有班子成员执行力不强，更有校长不善放权、事必躬亲的制约。因而，没有形成各司其职、各尽其责、各行其权、各当一面的格局，致使校长事无巨细，陷入繁杂事务的泥潭，造成校长部分权力的虚化，没有用主要精力抓对学校发展有影响的主要任务。

校长的治校行为要从事务型向要务型转变，摆脱琐碎事务的困扰。其中关键在于，校长对最"本色"的角色认识，构建善于放权的分工机制。

## 一、合理定位角色

校长是学校的掌门人、"行政首脑"，是学校的领导者、管理者、教育者。在多重角色中，校长是策划学校发展的战略家。因而，最"本色"的角色应当是领导者，而不是管理者。

有文献专门区分了管理与领导在功能上的不同：领导的功能是变革，进行战略管理，具有超前性、全局性、超脱性的特点；管理的功能是调控，进行战术管理，具有当前性、局部性、操作性的特点。在当代，学校实行校长负责制，校长负责学校的持续发展。发展是硬道理，因而校长不应是事事都去执行的管理者，而是学校发展的策划者、组织者、指挥者，不应是忙忙碌碌的事务主义者，而是审时度势，带领学校执着前行的领导人。

可是，我们平时习惯于"向管理要质量"的工作方式，很少思考"向领导要发展"的工作方式，重管理，轻领导。具体表现为，有的校长既要西瓜，又要芝麻，事无巨细，事事过问，眼睛一睁，忙到熄灯；有的捡芝麻丢西瓜，工作不分主次，抓不住重点和关键，抓了小事却丢了大事。这些现象表明，有的校长没有忙在点子上，没有忙在关键处。

校长的责任决定了校长要以学校的发展为第一要务。因此，校长的使命是发展，这就要求校长不能满足于学校"运转正常不出问题"的层面上，要有改变学校面貌、提升办学品位的强烈责任感、使命感。重点抓关系学校生存和发展的具有前瞻性、方向性、根本性的大事。否则，何谈学校的变革与发展。同时，我们要看到，校长也是人，也要有自己的生活、家庭、娱乐、休闲。因而，校长要善于抓大放小，最该忙、最该做的事情是定目标、理思路、作决策；抓大事、抓要事、抓难事。校长最该忙的是要务，不应成为全校做事最多的人，而应成为全校做事最精的人。

## 二、合理下放权力

校长的工作确实繁杂。德智体美劳、党政工团队、人财物时信，都归校长管。事无巨细，事必躬亲，实质是不善放权的表现。其弊端有很多。

有人说，一个事无巨细的人不会有成绩，一个斤斤计较的人不会有作为，一个热衷于关系学的人不会有真正的建树，一个拼命做表面文章的人不会有深度。事必躬亲是小生产者的传统美德，却是当今校长之大忌。校长能力再强也不可能包打天下，事无巨细，什么都管，既忙又累，事倍功半，严重影响班子集体领导力量的发挥，这不是现代校长应有的工作作风。

事必躬亲，校长说了算，陷入烦琐事务越深，组织内成员以及整个组织对校长的依赖性就越强，使整个组织呈现的是一人的意志，而不是集体的意志。并且，依赖的结果又会增大校长对自身评价的重要性，似乎没有自己亲自过问，或者表态处理的话，随时会产生不可估量的损失。

事必躬亲可能会挤占别人做事的空间，打击其他同志的积极性。一个人没有锻炼的机会、表现的平台，长此以往，潜在的才智很可能被埋没。而校长成就下属，就是成就自己。让下属超越自己，早露头角，早日成才，是优秀校长应有的胸怀。事必躬亲，时间一久，不仅会造成"婆婆勤快媳妇懒"，而且可能会贻误他人成才。

事必躬亲的原因比较复杂。有的是责任心的驱使，认为什么事都重要，事事应操心，只要自己没到场，心里就感到不踏实；有的是权力欲强，爱牢牢地控制每一件事情，什么事都得自己说了算；有的则是不知怎样当校长，以为校长就是这样当的，不亲自干，怕人家说不负责、不肯干，而被事情牵着走；有的是体制因素，如有些看似小事，没有校长出面，就解决不了。

杜威曾说，在人类所有活动中，以希望成为重要人物的欲望最为强烈。这是人性使然，是人表示主体存在的强烈欲望。何况，有权才有责，无权哪有责，责权对应，方有活力。因此，善于放权是校长强化分工机制的最佳策略。属于班子成员职责范围的事，一定要让班子成员独立自主地行使职权，使其从内心感到自己的位子是实的，权力是真的，责任是重的，就会在其位，谋其政，行其权，独当一面。

从上可见，要构建有权有责的分工机制，形成"人人心中有目标，千斤重担大家挑"的局面。校长真心实意地放权，克服事必躬亲的不良工作作风，只有这样才能从事务型向要务型转变，才能用20%的时间和精力去抓80%的人和事。

如何增强放权的自觉性呢？

首先，要向那些优秀的名校校长学习。一个优秀的校长不会把权力看得过重，做到会当班长，不当家长，善于总揽，不搞独揽。在用人上，就会做到让人有职、有权、有责、有奖。

有些名校校长有时有意弱化自己，其目的是打造坚强的组织。对某些难事，校长出主意，想办法，给下属以指点，授权让下属去干，给班子成员创造体验成功的机会；有时则放手让下属去干，让其按自己的方式去实践，错了，让其去体会，对了，让其去感悟，在实践中增长才干。

北京第二实验小学校长李烈，除参加上级需要参加的会议外，主持周五上午办公例会，每学年听课100节以上。她认为，事情该谁解决，就由谁来解决。每件事情都让该管的人来管，她从不越权处理。

其次，要克服对下属顾虑多、不放手的心理障碍。如果校长猜忌多疑，又乐于发号施令，就不会真正做到放权，对别人分管的工作，过问过细，插手过繁，就会给人一种不被信任的感觉，也就不敢也不愿意大胆、认真地工作了。久而久之，班子成员要么形成敷衍的工作态度，要么养成唯命是从、完全照办的习惯，一旦校长没表态，教师就不知所措，失去主观创造的能动性，从而变成算盘上的珠子，拨一拨，才会动一动。

校长真心实意地放权，班子成员在自己负责的项目中有管辖范围内的自主权、适当的资金支配权。有了权，教师就会从中认识到自己的价值，真正体会到自己在学校里是有作为的，自己承担的工作是学校工作的重要部分；教师有说了算数的权力，在学校里不是一个无关紧要的人，就会产生幸福的体验和强大的创造欲与责任感，就会像主人那样工作，负起应负的责任，他的创造才能就会充分地发挥出来，创造最佳的工作效果。

在放手放权的过程中，校长要做好监督指导工作。因为分工授权不是卸责，而是授权留责。因此，校长要放手而不撒手，不当"甩手掌柜"。勤督促，多提醒；勤检查，多提问。班子成员遇到困难，要帮助；取得成绩，要奖励；受到挫折，要鼓励；出现失误，要宽容；不负责任，要批评。大处着眼，总揽全局；大事讲原则，小事讲风格；大事集体议，小事通通气。校长则从日常烦琐的事务中抽出身来，集中精力做原本就该自己做的事。

### 三、强化执行能力

所谓执行力，就是执行决策、实施决策的能力，也就是把蓝图（计划、方案）变成行动、现实的操作能力。

执行力是学校成功的关键。从某种程度上说，一个学校能否成功，30%靠战略，40%靠执行力，其余是机遇等。现实告诉我们，执行是学校面临的最大问题。策划的方案得不到落实，要么拖沓滞后，要么草率应付，要么忘在脑后，致使很好的决策难以获得理想的绩效。

基本的执行能力表现在以下方面。

定位能力。以强烈的使命感、责任感，准确就位，以执着进取的精神，把分担的工作切实地抓起来，不缺位、不越位、会补位。

领悟能力。吃透集体决策的意图、目标，领悟校长的意愿，把握做事的方向，执行时不片面、不偏向、不走样。

谋划能力。围绕决策的总体思路，制定出富有创造性的、具体实施的行动方案以及事后的总结反馈。

实施能力。要指挥得当，调控有力，激励有方，对出现的苗头性问题及时予以指正，狠抓落实。重视细节，关注细节到位，管理就有效果。

执行力强的标志：一是高度，不走样，有创新；二是速度，不延误，行动快；三是力度，不虚浮，实效好。

班子成员，特别是副校长，是校长施政的左膀右臂，具有双重身份，既是决策者，又是执行者。班子成员要善当助手，辅佐正手。就执行分工而言，要强化责任。一要加强"领导管理学"的学习，学习怎样当副手，怎样提高管理理论水平。二要养成思考的习惯，以备忘录的形式记录上级的指令、校长的要求及自己工作的概况，并经常查阅。每周五集中思考自己的分工：这周干得怎样，下周干什么，怎么干。三要在实践中反思、锤炼，增长才干，努力提升执行能力。

为了营造想干事的氛围，培养能干事的素质，打造干成事的机制，校长要在主任及副校长的聘用上，协助人事部门，做到能者有位，上者能干；要注重使每周的行政会不仅成为决策会，而且是执行信息的交流会、反思会、研究会、鼓劲会；要经常抓检查，抓落实，将执行的绩效与利益挂钩，推行奖罚分明的激励措施，表彰执行典范，营造催人奋进的执行文化。

# 附　录

# 中华人民共和国教育法

（1995 年 3 月 18 日第八届全国人民代表大会第三次会议通过

1995 年 3 月 18 日中华人民共和国主席令第 45 号公布

自 1995 年 9 月 1 日起施行）

## 第一章　总　则

第一条　为了发展教育事业，提高全民族的素质，促进社会主义物质文明和精神文明建设，根据宪法，制定本法。

第二条　在中华人民共和国境内的各级各类教育，适用本法。

第三条　国家坚持以马克思列宁主义、毛泽东思想和建设有中国特色社会主义理论为指导，遵循宪法确定的基本原则，发展社会主义的教育事业。

第四条　教育是社会主义现代化建设的基础，国家保障教育事业优先发展。全社会应当关心和支持教育事业的发展。全社会应当尊重教师。

第五条　教育必须为社会主义现代化建设服务，必须与生产劳动相结合，培养德、智、体等方面全面发展的社会主义事业的建设者和接班人。

第六条　国家在受教育者中进行爱国主义、集体主义、社会主义的教育，进行理想、道德、纪律、法制、国防和民族团结的教育。

第七条　教育应当继承和弘扬中华民族优秀的历史文化传统，吸收人类文明发展的一切优秀成果。

第八条　教育活动必须符合国家和社会公共利益。国家实行教育与宗教相分离。任何组织和个人不得利用宗教进行妨碍国家教育制度的活动。

第九条　中华人民共和国公民有受教育的权利和义务。公民不分民族、种族、性别、职业、财产状况、宗教信仰等，依法享有平等的受教育机会。

第十条　国家根据各少数民族的特点和需要，帮助各少数民族地区发展教育事业。国家扶持边远贫困地区发展教育事业。国家扶持和发展残疾人教育事业。

第十一条　国家适应社会主义市场经济发展和社会进步的需要，推进教育改革，促进各级各类教育协调发展，建立和完善终身教育体系。

国家支持、鼓励和组织教育科学研究，推广教育科学研究成果，促进教育质量提高。

第十二条　汉语言文字为学校及其他教育机构的基本教学语言文字。少数民族学生为主的学校及其他教育机构，可以使用本民族或者当地民族通用的语言文字进行教学。学校及其他教育机构进行教学，应当推广使用全国通用的普通话和规范字。

第十三条　国家对发展教育事业做出突出贡献的组织和个人，给予奖励。

第十四条　国务院和地方各级人民政府根据分级管理、分工负责的原则，领导和管理教育工作。中等及中等以下教育在国务院领导下，由地方人民政府管理。高等教育由国务院和省、自治区、直辖市人民政府管理。

第十五条　国务院教育行政部门主管全国教育工作，统筹规划、协调管理全国的教育事业。县级以上地方各级人民政府教育行政部门主管本行政区域内的教育工作。县级以上各级人民政府其他有关部门在各自的职责范围内，负责有关的教育工作。

第十六条　国务院和县级以上地方各级人民政府应当向本级人民代表大会或者其常务委员会报告教育工作和教育经费预算、决算情况，接受监督。

## 第二章　教育基本制度

第十七条　国家实行学前教育、初等教育、中等教育、高等教育的学校教育制度。国家建立科学的学制系统。学制系统内的学校和其他教育机构的设置、教育形式、修业年限、招生对象、培养目标等，由国务院或者由国务院授权教育行政部门规定。

第十八条　国家实行九年制义务教育制度。各级人民政府采取各种措施保障适龄儿童、少年就学。适龄儿童、少年的父母或者其他监护人以及有关社会组织和个人有义务使适龄儿童、少年接受并完成规定年限的义务教育。

第十九条　国家实行职业教育制度和成人教育制度。各级人民政府、有关行政部门以及企业事业组织应当采取措施，发展并保障公民接受职业学校教育或者各种形式的职业培训。国家鼓励发展多种形式的成人教育，使公民接受适当形式的政治、经济、文化、科学、技术、业务教育和终身教育。

第二十条 国家实行国家教育考试制度。国家教育考试由国务院教育行政部门确定种类，并由国家批准的实施教育考试的机构承办。

第二十一条 国家实行学业证书制度。经国家批准设立或者认可的学校及其他教育机构按照国家有关规定，颁发学历证书或者其他学业证书。

第二十二条 国家实行学位制度。学位授予单位依法对达到一定学术水平或者专业技术水平的人员授予相应的学位，颁发学位证书。

第二十三条 各级人民政府、基层群众性自治组织和企业事业组织应当采取各种措施，开展扫除文盲的教育工作。按照国家规定具有接受扫除文盲教育能力的公民，应当接受扫除文盲的教育。

第二十四条 国家实行教育督导制度和学校及其他教育机构教育评估制度。

## 第三章　学校及其他教育机构

第二十五条 国家制定教育发展规划，并举办学校及其他教育机构。国家鼓励企业事业组织、社会团体、其他社会组织及公民个人依法举办学校及其他教育机构。任何组织和个人不得以营利为目的举办学校及其他教育机构。

第二十六条 设立学校及其他教育机构，必须具备下列基本条件：

（一）有组织机构和章程；

（二）有合格的教师；

（三）有符合规定标准的教学场所及设施、设备等；

（四）有必备的办学资金和稳定的经费来源。

第二十七条 学校及其他教育机构的设立、变更和终止，应当按照国家有关规定办理审核、批准、注册或者备案手续。

第二十八条 学校及其他教育机构行使下列权利：

（一）按照章程自主管理；

（二）组织实施教育教学活动；

（三）招收学生或者其他受教育者；

（四）对受教育者进行学籍管理，实施奖励或者处分；

（五）对受教育者颁发相应的学业证书；

（六）聘任教师及其他职工，实施奖励或者处分；

（七）管理、使用本单位的设施和经费；

（八）拒绝任何组织和个人对教育教学活动的非法干涉；

（九）法律、法规规定的其他权利。

国家保护学校及其他教育机构的合法权益不受侵犯。

第二十九条 学校及其他教育机构应当履行下列义务：

（一）遵守法律、法规；

（二）贯彻国家的教育方针，执行国家教育教学标准，保证教育教学质量；

（三）维护受教育者、教师及其他职工的合法权益；

（四）以适当方式为受教育者及其监护人了解受教育者的学业成绩及其他有关情况提供便利；

（五）遵照国家有关规定收取费用并公开收费项目；

（六）依法接受监督。

第三十条 学校及其他教育机构的举办者按照国家有关规定，确定其所举办的学校或者其他教育机构的管理体制。学校及其他教育机构的校长或者主要行政负责人必须由具有中华人民共和国国籍、在中国境内定居、并具备国家规定任职条件的公民担任，其任免按照国家有关规定办理。学校的教学及其他行政管理，由校长负责。学校及其他教育机构应当按照国家有关规定，通过以教师为主体的教职工代表大会等组织形式，保障教职工参与民主管理和监督。

第三十一条 学校及其他教育机构具备法人条件的，自批准设立或者登记注册之日起取得法人资格。学校及其他教育机构在民事活动中依法享有民事权利，承担民事责任学校及其他教育机构中的国有资产属于国家所有。学校及其他教育机构兴办的校办产业独立承担民事责任。

# 第四章　教师和其他教育工作者

第三十二条 教师享有法律规定的权利，履行法律规定的义务，忠诚于人民的教育事业。

第三十三条 国家保护教师的合法权益，改善教师的工作条件和生活条件，提高教师的社会地位。教师的工资报酬、福利待遇，依照法律、法规的规定办理。

第三十四条 国家实行教师资格、职务、聘任制度，通过考核、奖励、培养和培训，提高教师素质，加强教师队伍建设。

第三十五条 学校及其他教育机构中的管理人员，实行教育职员制度。学校及其他教育机构中的教学辅助人员和其他专业技术人员，实行专业技术职务聘任制度。

# 第五章　受教育者

第三十六条　受教育者在入学、升学、就业等方面依法享有平等权利。学校和有关行政部门应当按照国家有关规定，保障女子在入学、升学、就业、授予学位、派出留学等方面享有同男子平等的权利。

第三十七条　国家、社会对符合入学条件、家庭经济困难的儿童、少年、青年，提供各种形式的资助。

第三十八条　国家、社会、学校及其他教育机构应当根据残疾人身心特性和需要实施教育，并为其提供帮助和便利。

第三十九条　国家、社会、家庭、学校及其他教育机构应当为有违法犯罪行为的未成年人接受教育创造条件。

第四十条　从业人员有依法接受职业培训和继续教育的权利和义务。国家机关、企业事业组织和其他社会组织，应当为本单位职工的学习和培训提供条件和便利。

第四十一条　国家鼓励学校及其他教育机构、社会组织采取措施，为公民接受终身教育创造条件。

第四十二条　受教育者享有下列权利：

（一）参加教育教学计划安排的各种活动，使用教育教学设施、设备、图书资料；

（二）按照国家有关规定获得奖学金、贷学金、助学金；

（三）在学业成绩和品行上获得公正评价，完成规定的学业后获得相应的学业证书、学位证书；

（四）对学校给予的处分不服向有关部门提出申诉，对学校、教师侵犯其人身权、财产权等合法权益，提出申诉或者依法提起诉讼；

（五）法律、法规规定的其他权利。

第四十三条　受教育者应当履行下列义务：

（一）遵守法律、法规；

（二）遵守学生行为规范，尊敬师长，养成良好的思想品德和行为习惯；

（三）努力学习，完成规定的学习任务；

（四）遵守所在学校或者其他教育机构的管理制度。

第四十四条　教育、体育、卫生行政部门和学校及其他教育机构应当完善体育、卫生保健设施，保护学生的身心健康。

## 第六章　教育与社会

第四十五条　国家机关、军队、企业事业组织、社会团体及其他社会组织和个人，应当依法为儿童、少年、青年学生的身心健康成长创造良好的社会环境。

第四十六条　国家鼓励企业事业组织、社会团体及其他社会组织同高等学校、中等职业学校在教学、科研、技术开发和推广等方面进行多种形式的合作。企业事业组织、社会团体及其他社会组织和个人，可以通过适当形式，支持学校的建设，参与学校管理。

第四十七条　国家机关、军队、企业事业组织及其他社会组织应当为学校组织的学生实习、社会实践活动提供帮助和便利。

第四十八条　学校及其他教育机构在不影响正常教育教学活动的前提下，应当积极参加当地的社会公益活动。

第四十九条　未成年人的父母或者其他监护人应当为其未成年子女或者其他被监护人受教育提供必要条件。未成年人的父母或者其他监护人应当配合学校及其他教育机构，对其未成年子女或者其他被监护人进行教育。学校、教师可以对学生家长提供家庭教育指导。

第五十条　图书馆、博物馆、科技馆、文化馆、美术馆、体育馆（场）等社会公共文化体育设施，以及历史文化古迹和革命纪念馆（地），应当对教师、学生实行优待，为受教育者接受教育提供便利。广播、电视台（站）应当开设教育节目，促进受教育者思想品德、文化和科学技术素质的提高。

第五十一条　国家、社会建立和发展对未成年人进行校外教育的设施。学校及其他教育机构应当同基层群众性自治组织、企业事业组织、社会团体相互配合，加强对未成年人的校外教育工作。

第五十二条　国家鼓励社会团体、社会文化机构及其他社会组织和个人开展有益于受教育者身心健康的社会文化教育活动。

## 第七章　教育投入与条件保障

第五十三条　国家建立以财政拨款为主、其他多种渠道筹措教育经费为辅的体制，逐步增加对教育的投入，保证国家举办的学校教育经费的稳定来源。企业事业组织、社会团体及其他社会组织和个人依法举办的学校及其他教育机构，办学经费由举办者负责筹措，各级人民政府可以给予适当支持。

第五十四条 国家财政性教育经费支出占国民生产总值的比例应当随着国民经济的发展和财政收入的增长逐步提高。具体比例和实施步骤由国务院规定。全国各级财政支出总额中教育经费所占比例应当随着国民经济的发展逐步提高。

第五十五条 各级人民政府的教育经费支出，按照事权和财权相统一的原则，在财政预算中单独列项。各级人民政府教育财政拨款的增长应当高于财政经常性收入的增长，并使按在校学生人数平均的教育费用逐步增长，保证教师工资和学生人均公用经费逐步增长。

第五十六条 国务院及县级以上地方各级人民政府应当设立教育专项资金，重点扶持边远贫困地区、少数民族地区实施义务教育。

第五十七条 税务机关依法足额征收教育费附加，由教育行政部门统筹管理，主要用于实施义务教育。省、自治区、直辖市人民政府根据国务院的有关规定，可以决定开征用于教育的地方附加费，专款专用。农村乡统筹中的教育费附加，由乡人民政府组织收取，由县级人民政府教育行政部门代为管理或者由乡人民政府管理，用于本乡范围内乡、村两级教育事业。农村教育费附加在乡统筹中所占具体比例和具体管理办法，由省、自治区、直辖市人民政府规定。

第五十八条 国家采取优惠措施，鼓励和扶持学校在不影响正常教育教学的前提下开展勤工俭学和社会服务，兴办校办产业。

第五十九条 经县级人民政府批准，乡、民族乡、镇的人民政府根据自愿、量力的原则，可以在本行政区域内集资办学，用于实施义务教育学校的危房改造和修缮、新建校舍，不得挪作他用。

第六十条 国家鼓励境内、境外社会组织和个人捐资助学。

第六十一条 国家财政性教育经费、社会组织和个人对教育的捐赠，必须用于教育，不得挪用、克扣。

第六十二条 国家鼓励运用金融、信贷手段，支持教育事业的发展。

第六十三条 各级人民政府及其教育行政部门应当加强对学校及其他教育机构教育经费的监督管理，提高教育投资效益。

第六十四条 地方各级人民政府及其有关行政部门必须把学校的基本建设纳入城乡建设规划，统筹安排学校的基本建设用地及所需物资，按照国家有关规定实行优先、优惠政策。

第六十五条 各级人民政府对教科书及教学用图书资料的出版发行，对教学仪器、设备的生产和供应，对用于学校教育教学和科学研究的图书资料、教学仪器、设备的进口，按照国家有关规定实行优先、优惠政策。

第六十六条 县级以上人民政府应当发展卫星电视教育和其他现代化教学手

段，有关行政部门应当优先安排，给予扶持。国家鼓励学校及其他教育机构推广运用现代化教学手段。

## 第八章　教育对外交流与合作

第六十七条　国家鼓励开展教育对外交流与合作。教育对外交流与合作坚持独立自主、平等互利、相互尊重的原则，不得违反中国法律，不得损害国家主权、安全和社会公共利益。

第六十八条　中国境内公民出国留学、研究、进行学术交流或者任教，依照国家有关规定办理。

第六十九条　中国境外个人符合国家规定的条件并办理有关手续后，可以进入中国境内学校及其他教育机构学习、研究、进行学术交流或者任教，其合法权益受国家保护。

第七十条　中国对境外教育机构颁发的学位证书、学历证书及其他学业证书的承认，依照中华人民共和国缔结或者加入的国际条约办理，或者按照国家有关规定办理。

## 第九章　法律责任

第七十一条　违反国家有关规定，不按照预算核拨教育经费的，由同级人民政府限期核拨；情节严重的，对直接负责的主管人员和其他直接责任人员，依法给予行政处分。违反国家财政制度、财务制度，挪用、克扣教育经费的，由上级机关责令限期归还被挪用、克扣的经费，并对直接负责的主管人员和其他直接责任人员，依法给予行政处分；构成犯罪的，依法追究刑事责任。

第七十二条　结伙斗殴，寻衅滋事，扰乱学校及其他教育机构教育教学秩序或者破坏校舍、场地及其他财产的，由公安机关给予治安管理处罚；构成犯罪的，依法追究刑事责任。侵占学校及其他教育机构的校舍、场地及其他财产的，依法承担民事责任。

第七十三条　明知校舍或者教育教学设施有危险，而不采取措施，造成人员伤亡或者重大财产损失的，对直接负责的主管人员和其他直接责任人员，依法追究刑事责任。

第七十四条　违反国家有关规定，向学校或者其他教育机构收取费用的，由政府责令退还所收费用；对直接负责的主管人员和其他直接责任人员，依法给予行政处分。

第七十五条 违反国家有关规定，举办学校或者其他教育机构的，由教育行政部门予以撤销；有违法所得的，没收违法所得；对直接负责的主管人员和其他直接责任人员，依法给予行政处分。

第七十六条 违反国家有关规定招收学员的，由教育行政部门责令退回招收的学员，退还所收费用；对直接负责的主管人员和其他直接责任人员，依法给予行政处分。

第七十七条 在招收学生工作中徇私舞弊的，由教育行政部门责令退回招收的人员；对直接负责的主管人员和其他直接责任人员，依法给予行政处分；构成犯罪的，依法追究刑事责任。

第七十八条 学校及其他教育机构违反国家有关规定向受教育者收取费用的，由教育行政部门责令退还所收费用；对直接负责的主管人员和其他直接责任人员，依法给予行政处分。

第七十九条 在国家教育考试中作弊的，由教育行政部门宣布考试无效，对直接负责的主管人员和其他直接责任人员，依法给予行政处分。

非法举办国家教育考试的，由教育行政部门宣布考试无效；有违法所得的，没收违法所得；对直接负责的主管人员和其他直接责任人员，依法给予行政处分。

第八十条 违反本法规定，颁发学位证书、学历证书或者其他学业证书的，由教育行政部门宣布证书无效，责令收回或者予以没收；有违法所得的，没收违法所得；情节严重的，取消其颁发证书的资格。

第八十一条 违反本法规定，侵犯教师、受教育者、学校或者其他教育机构的合法权益，造成损失、损害的，应当依法承担民事责任。

## 第十章 附 则

第八十二条 军事学校教育由中央军事委员会根据本法的原则规定。宗教学校教育由国务院另行规定。

第八十三条 境外的组织和个人在中国境内办学和合作办学的办法，由国务院规定。

第八十四条 本法自 1995 年 9 月 1 日起施行。

# 中华人民共和国义务教育法

（1986 年 4 月 12 日第六届全国人民代表大会第四次会议通过
2006 年 6 月 29 日第十届全国人民代表大会常务委员会第二十二次会议修订
根据 2015 年 4 月 24 日第十二届全国人民代表大会常务委员会第十四次会议《关
于修改〈中华人民共和国义务教育法〉等五部法律的决定》修正）

## 第一章　总　则

第一条　为了保障适龄儿童、少年接受义务教育的权利，保证义务教育的实施，提高全民族素质，根据宪法和教育法，制定本法。

第二条　国家实行九年义务教育制度。

义务教育是国家统一实施的所有适龄儿童、少年必须接受的教育，是国家必须予以保障的公益性事业。

实施义务教育，不收学费、杂费。

国家建立义务教育经费保障机制，保证义务教育制度实施。

第三条　义务教育必须贯彻国家的教育方针，实施素质教育，提高教育质量，使适龄儿童、少年在品德、智力、体质等方面全面发展，为培养有理想、有道德、有文化、有纪律的社会主义建设者和接班人奠定基础。

第四条　凡具有中华人民共和国国籍的适龄儿童、少年，不分性别、民族、种族、家庭财产状况、宗教信仰等，依法享有平等接受义务教育的权利，并履行接受义务教育的义务。

第五条　各级人民政府及其有关部门应当履行本法规定的各项职责，保障适龄儿童、少年接受义务教育的权利。

适龄儿童、少年的父母或者其他法定监护人应当依法保证其按时入学接受并完成义务教育。

依法实施义务教育的学校应当按照规定标准完成教育教学任务，保证教育教学质量。

社会组织和个人应当为适龄儿童、少年接受义务教育创造良好的环境。

第六条　国务院和县级以上地方人民政府应当合理配置教育资源，促进义务教育均衡发展，改善薄弱学校的办学条件，并采取措施，保障农村地区、民族地区实施义务教育，保障家庭经济困难的和残疾的适龄儿童、少年接受义务教育。

国家组织和鼓励经济发达地区支援经济欠发达地区实施义务教育。

第七条　义务教育实行国务院领导，省、自治区、直辖市人民政府统筹规划实施，县级人民政府为主管理的体制。

县级以上人民政府教育行政部门具体负责义务教育实施工作；县级以上人民政府其他有关部门在各自的职责范围内负责义务教育实施工作。

第八条　人民政府教育督导机构对义务教育工作执行法律法规情况、教育教学质量以及义务教育均衡发展状况等进行督导，督导报告向社会公布。

第九条　任何社会组织或者个人有权对违反本法的行为向有关国家机关提出检举或者控告。

发生违反本法的重大事件，妨碍义务教育实施，造成重大社会影响的，负有领导责任的人民政府或者人民政府教育行政部门负责人应当引咎辞职。

第十条　对在义务教育实施工作中做出突出贡献的社会组织和个人，各级人民政府及其有关部门按照有关规定给予表彰、奖励。

# 第二章　学　生

第十一条　凡年满六周岁的儿童，其父母或者其他法定监护人应当送其入学接受并完成义务教育；条件不具备的地区的儿童，可以推迟到七周岁。

适龄儿童、少年因身体状况需要延缓入学或者休学的，其父母或者其他法定监护人应当提出申请，由当地乡镇人民政府或者县级人民政府教育行政部门批准。

第十二条　适龄儿童、少年免试入学。地方各级人民政府应当保障适龄儿童、少年在户籍所在地学校就近入学。

父母或者其他法定监护人在非户籍所在地工作或者居住的适龄儿童、少年，在其父母或者其他法定监护人工作或者居住地接受义务教育的，当地人民政府应当为其提供平等接受义务教育的条件。具体办法由省、自治区、直辖市规定。

县级人民政府教育行政部门对本行政区域内的军人子女接受义务教育予以保障。

第十三条　县级人民政府教育行政部门和乡镇人民政府组织和督促适龄儿童、少年入学，帮助解决适龄儿童、少年接受义务教育的困难，采取措施防止适龄儿童、少年辍学。

居民委员会和村民委员会协助政府做好工作，督促适龄儿童、少年入学。

第十四条 禁止用人单位招用应当接受义务教育的适龄儿童、少年。

根据国家有关规定经批准招收适龄儿童、少年进行文艺、体育等专业训练的社会组织，应当保证所招收的适龄儿童、少年接受义务教育；自行实施义务教育的，应当经县级人民政府教育行政部门批准。

## 第三章 学　校

第十五条 县级以上地方人民政府根据本行政区域内居住的适龄儿童、少年的数量和分布状况等因素，按照国家有关规定，制定、调整学校设置规划。新建居民区需要设置学校的，应当与居民区的建设同步进行。

第十六条 学校建设，应当符合国家规定的办学标准，适应教育教学需要；应当符合国家规定的选址要求和建设标准，确保学生和教职工安全。

第十七条 县级人民政府根据需要设置寄宿制学校，保障居住分散的适龄儿童、少年入学接受义务教育。

第十八条 国务院教育行政部门和省、自治区、直辖市人民政府根据需要，在经济发达地区设置接收少数民族适龄儿童、少年的学校（班）。

第十九条 县级以上地方人民政府根据需要设置相应的实施特殊教育的学校（班），对视力残疾、听力语言残疾和智力残疾的适龄儿童、少年实施义务教育。特殊教育学校（班）应当具备适应残疾儿童、少年学习、康复、生活特点的场所和设施。

普通学校应当接收具有接受普通教育能力的残疾适龄儿童、少年随班就读，并为其学习、康复提供帮助。

第二十条 县级以上地方人民政府根据需要，为具有预防未成年人犯罪法规定的严重不良行为的适龄少年设置专门的学校实施义务教育。

第二十一条 对未完成义务教育的未成年犯和被采取强制性教育措施的未成年人应当进行义务教育，所需经费由人民政府予以保障。

第二十二条 县级以上人民政府及其教育行政部门应当促进学校均衡发展，缩小学校之间办学条件的差距，不得将学校分为重点学校和非重点学校。学校不得分设重点班和非重点班。

县级以上人民政府及其教育行政部门不得以任何名义改变或者变相改变公办学校的性质。

第二十三条 各级人民政府及其有关部门依法维护学校周边秩序，保护学生、教师、学校的合法权益，为学校提供安全保障。

第二十四条 学校应当建立、健全安全制度和应急机制，对学生进行安全教育，加强管理，及时消除隐患，预防发生事故。

县级以上地方人民政府定期对学校校舍安全进行检查；对需要维修、改造的，及时予以维修、改造。

学校不得聘用曾经因故意犯罪被依法剥夺政治权利或者其他不适合从事义务教育工作的人担任工作人员。

第二十五条 学校不得违反国家规定收取费用，不得以向学生推销或者变相推销商品、服务等方式谋取利益。

第二十六条 学校实行校长负责制。校长应当符合国家规定的任职条件。校长由县级人民政府教育行政部门依法聘任。

第二十七条 对违反学校管理制度的学生，学校应当予以批评教育，不得开除。

## 第四章 教 师

第二十八条 教师享有法律规定的权利，履行法律规定的义务，应当为人师表，忠诚于人民的教育事业。

全社会应当尊重教师。

第二十九条 教师在教育教学中应当平等对待学生，关注学生的个体差异，因材施教，促进学生的充分发展。

教师应当尊重学生的人格，不得歧视学生，不得对学生实施体罚、变相体罚或者其他侮辱人格尊严的行为，不得侵犯学生合法权益。

第三十条 教师应当取得国家规定的教师资格。

国家建立统一的义务教育教师职务制度。教师职务分为初级职务、中级职务和高级职务。

第三十一条 各级人民政府保障教师工资福利和社会保险待遇，改善教师工作和生活条件；完善农村教师工资经费保障机制。

教师的平均工资水平应当不低于当地公务员的平均工资水平。

特殊教育教师享有特殊岗位补助津贴。在民族地区和边远贫困地区工作的教师享有艰苦贫困地区补助津贴。

第三十二条 县级以上人民政府应当加强教师培养工作，采取措施发展教师教育。

县级人民政府教育行政部门应当均衡配置本行政区域内学校师资力量，组织校长、教师的培训和流动，加强对薄弱学校的建设。

第三十三条　国务院和地方各级人民政府鼓励和支持城市学校教师和高等学校毕业生到农村地区、民族地区从事义务教育工作。

国家鼓励高等学校毕业生以志愿者的方式到农村地区、民族地区缺乏教师的学校任教。县级人民政府教育行政部门依法认定其教师资格，其任教时间计入工龄。

## 第五章　教育教学

第三十四条　教育教学工作应当符合教育规律和学生身心发展特点，面向全体学生，教书育人，将德育、智育、体育、美育等有机统一在教育教学活动中，注重培养学生独立思考能力、创新能力和实践能力，促进学生全面发展。

第三十五条　国务院教育行政部门根据适龄儿童、少年身心发展的状况和实际情况，确定教学制度、教育教学内容和课程设置，改革考试制度，并改进高级中等学校招生办法，推进实施素质教育。

学校和教师按照确定的教育教学内容和课程设置开展教育教学活动，保证达到国家规定的基本质量要求。

国家鼓励学校和教师采用启发式教育等教育教学方法，提高教育教学质量。

第三十六条　学校应当把德育放在首位，寓德育于教育教学之中，开展与学生年龄相适应的社会实践活动，形成学校、家庭、社会相互配合的思想道德教育体系，促进学生养成良好的思想品德和行为习惯。

第三十七条　学校应当保证学生的课外活动时间，组织开展文化娱乐等课外活动。社会公共文化体育设施应当为学校开展课外活动提供便利。

第三十八条　教科书根据国家教育方针和课程标准编写，内容力求精简，精选必备的基础知识、基本技能，经济实用，保证质量。

国家机关工作人员和教科书审查人员，不得参与或者变相参与教科书的编写工作。

第三十九条　国家实行教科书审定制度。教科书的审定办法由国务院教育行政部门规定。

未经审定的教科书，不得出版、选用。

第四十条　教科书价格由省、自治区、直辖市人民政府价格行政部门会同同级出版行政部门按照微利原则确定。

第四十一条　国家鼓励教科书循环使用。

# 第六章　经费保障

第四十二条　国家将义务教育全面纳入财政保障范围，义务教育经费由国务院和地方各级人民政府依照本法规定予以保障。

国务院和地方各级人民政府将义务教育经费纳入财政预算，按照教职工编制标准、工资标准和学校建设标准、学生人均公用经费标准等，及时足额拨付义务教育经费，确保学校的正常运转和校舍安全，确保教职工工资按照规定发放。

国务院和地方各级人民政府用于实施义务教育财政拨款的增长比例应当高于财政经常性收入的增长比例，保证按照在校学生人数平均的义务教育费用逐步增长，保证教职工工资和学生人均公用经费逐步增长。

第四十三条　学校的学生人均公用经费基本标准由国务院财政部门会同教育行政部门制定，并根据经济和社会发展状况适时调整。制定、调整学生人均公用经费基本标准，应当满足教育教学基本需要。

省、自治区、直辖市人民政府可以根据本行政区域的实际情况，制定不低于国家标准的学校学生人均公用经费标准。

特殊教育学校（班）学生人均公用经费标准应当高于普通学校学生人均公用经费标准。

第四十四条　义务教育经费投入实行国务院和地方各级人民政府根据职责共同负担，省、自治区、直辖市人民政府负责统筹落实的体制。农村义务教育所需经费，由各级人民政府根据国务院的规定分项目、按比例分担。

各级人民政府对家庭经济困难的适龄儿童、少年免费提供教科书并补助寄宿生生活费。

义务教育经费保障的具体办法由国务院规定。

第四十五条　地方各级人民政府在财政预算中将义务教育经费单列。

县级人民政府编制预算，除向农村地区学校和薄弱学校倾斜外，应当均衡安排义务教育经费。

第四十六条　国务院和省、自治区、直辖市人民政府规范财政转移支付制度，加大一般性转移支付规模和规范义务教育专项转移支付，支持和引导地方各级人民政府增加对义务教育的投入。地方各级人民政府确保将上级人民政府的义务教育转移支付资金按照规定用于义务教育。

第四十七条　国务院和县级以上地方人民政府根据实际需要，设立专项资金，扶持农村地区、民族地区实施义务教育。

第四十八条 国家鼓励社会组织和个人向义务教育捐赠，鼓励按照国家有关基金会管理的规定设立义务教育基金。

第四十九条 义务教育经费严格按照预算规定用于义务教育；任何组织和个人不得侵占、挪用义务教育经费，不得向学校非法收取或者摊派费用。

第五十条 县级以上人民政府建立健全义务教育经费的审计监督和统计公告制度。

# 第七章 法律责任

第五十一条 国务院有关部门和地方各级人民政府违反本法第六章的规定，未履行对义务教育经费保障职责的，由国务院或者上级地方人民政府责令限期改正；情节严重的，对直接负责的主管人员和其他直接责任人员依法给予行政处分。

第五十二条 县级以上地方人民政府有下列情形之一的，由上级人民政府责令限期改正；情节严重的，对直接负责的主管人员和其他直接责任人员依法给予行政处分：

（一）未按照国家有关规定制定、调整学校的设置规划的；

（二）学校建设不符合国家规定的办学标准、选址要求和建设标准的；

（三）未定期对学校校舍安全进行检查，并及时维修、改造的；

（四）未依照本法规定均衡安排义务教育经费的。

第五十三条 县级以上人民政府或者其教育行政部门有下列情形之一的，由上级人民政府或者其教育行政部门责令限期改正、通报批评；情节严重的，对直接负责的主管人员和其他直接责任人员依法给予行政处分：

（一）将学校分为重点学校和非重点学校的；

（二）改变或者变相改变公办学校性质的。

县级人民政府教育行政部门或者乡镇人民政府未采取措施组织适龄儿童、少年入学或者防止辍学的，依照前款规定追究法律责任。

第五十四条 有下列情形之一的，由上级人民政府或者上级人民政府教育行政部门、财政部门、价格行政部门和审计机关根据职责分工责令限期改正；情节严重的，对直接负责的主管人员和其他直接责任人员依法给予处分：

（一）侵占、挪用义务教育经费的；

（二）向学校非法收取或者摊派费用的。

第五十五条 学校或者教师在义务教育工作中违反教育法、教师法规定的，依照教育法、教师法的有关规定处罚。

第五十六条 学校违反国家规定收取费用的，由县级人民政府教育行政部门责令退还所收费用；对直接负责的主管人员和其他直接责任人员依法给予处分。

学校以向学生推销或者变相推销商品、服务等方式谋取利益的，由县级人民政府教育行政部门给予通报批评；有违法所得的，没收违法所得；对直接负责的主管人员和其他直接责任人员依法给予处分。

国家机关工作人员和教科书审查人员参与或者变相参与教科书编写的，由县级以上人民政府或者其教育行政部门根据职责权限责令限期改正，依法给予行政处分；有违法所得的，没收违法所得。

第五十七条 学校有下列情形之一的，由县级人民政府教育行政部门责令限期改正；情节严重的，对直接负责的主管人员和其他直接责任人员依法给予处分：

（一）拒绝接收具有接受普通教育能力的残疾适龄儿童、少年随班就读的；

（二）分设重点班和非重点班的；

（三）违反本法规定开除学生的；

（四）选用未经审定的教科书的。

第五十八条 适龄儿童、少年的父母或者其他法定监护人无正当理由未依照本法规定送适龄儿童、少年入学接受义务教育的，由当地乡镇人民政府或者县级人民政府教育行政部门给予批评教育，责令限期改正。

第五十九条 有下列情形之一的，依照有关法律、行政法规的规定予以处罚：

（一）胁迫或者诱骗应当接受义务教育的适龄儿童、少年失学、辍学的；

（二）非法招用应当接受义务教育的适龄儿童、少年的；

（三）出版未经依法审定的教科书的。

第六十条 违反本法规定，构成犯罪的，依法追究刑事责任。

## 第八章　附　则

第六十一条 对接受义务教育的适龄儿童、少年不收杂费的实施步骤，由国务院规定。

第六十二条 社会组织或者个人依法举办的民办学校实施义务教育的，依照民办教育促进法有关规定执行；民办教育促进法未作规定的，适用本法。

第六十三条 本法自 2006 年 9 月 1 日起施行。

# 教育部关于印发《全面推进依法治校实施纲要》的通知

教政法〔2012〕9号

各省、自治区、直辖市教育厅（教委），各计划单列市教育局，新疆生产建设兵团教育局，部属各高等学校：

为贯彻落实党的十八大精神，进一步推动《国家中长期教育改革和发展规划纲要（2010—2020年）》实施，在各级各类学校全面落实依法治国要求，大力推进依法治校，我部在全面总结各地依法治校经验、做法的基础上，研究制定了《全面推进依法治校实施纲要》，现印发给你们。请结合本地区、本学校实际，认真组织学习宣传、贯彻落实，全面推动教育行政管理体制以及学校内部管理体制的改革、创新，在依法行政、依法治校的基础上，构建政府、学校、社会之间新型关系，加快建设现代学校制度。

各地和教育部直属高校贯彻落实情况以及在依法治校实践中取得的进展，形成的具有示范意义的典型和经验，请及时报我部政策法规司（法制办公室）。

附件：全面推进依法治校实施纲要

教育部

2012年11月22日

附件

# 全面推进依法治校实施纲要

为贯彻落实党的十八大精神，进一步推动《国家中长期教育改革和发展规划纲要（2010—2020年）》实施，在各级各类学校深入贯彻科学发展观，全面落实依法治国要求，大力推进依法治校，建设现代学校制度，制定本实施纲要。

## 一、全面推进依法治校的重要性与紧迫性

1. 深刻认识全面推进依法治校的重要性。当前，随着社会主义民主法治和政治文明建设的推进，教育改革的不断深化，各级各类学校的发展环境、发展理念、发展方式正在发生深刻变化，迫切需要全面推进依法治校、加快建设现代学校制度。推进依法治校，是学校适应加快建设社会主义法治国家要求，发挥法治在学校管理中的重要作用，提高学校治理法治化、科学化水平的客观需要；是深化教育体制改革，推进政校分开、管办分离，构建政府、学校、社会之间新型关系，建设现代学校制度的内在要求；是适应教育发展新形势，提高管理水平与效益，维护学校、教师、学生各方合法权益，全面提高人才培养质量，实现教育现代化的重要保障。

2. 深刻认识全面推进依法治校的紧迫性。《教育部关于大力加强依法治校工作的通知》（教政法〔2003〕3号）发布以来，各地和学校普遍重视学校章程和制度建设，加强校长和教师法制培训，积极创建依法治校示范学校，探索了不少成功的经验，依法办学和依法管理的意识和能力明显提高。但是，与教育改革发展的新形势、新任务相比，与全面推进依法治国的新要求相比，依法治校还存在较大差距，主要体现在：工作进展不平衡，一些地方和学校对推进依法治校认识还不到位，制度不健全；一些人民群众反映强烈的违法办学、违规招生、违规收费等问题在个别地区和学校还不时发生；学校管理者和教师运用法律手段保护自身权益、依法对学生实施教育与管理的能力、意识还亟待提高，权利救济机制还不健全；政府教育管理职能转变还未完全到位，部分教育行政管理人员依法行政意识和能力还不强。这些问题的存在，在一定程度上影响了国家教育方针的贯彻落实，影响到教育科学发展与深化改革的进程。解决以上问题，必须进一步深化教育改革，加快转变政府职能，全面加快推进依法治校。

## 二、全面推进依法治校的指导思想和总体要求

3. 全面推进依法治校的指导思想。全面推进依法治校，必须以中国特色社会主义理论为指导，坚持社会主义办学方向，弘扬和践行社会主义核心价值体系，将坚持和改善学校党的领导与学校的依法治理紧密结合起来；必须全面贯彻国家教育方针，把立德树人，培养德智体美全面发展的社会主义建设者和接班人作为学校教育的根本任务，全面提高校长、教职工和学生的法律素质，加强公民意识教育，培养社会主义合格公民；必须坚持以人为本，依法办学，积极落实教师、

学生的主体地位，依法保障师生的合法权利；必须切实转变管理理念与方式，提高管理效率和效益，为全面推进依法治国和全面实现教育现代化打下坚实的基础。

4. 全面推进依法治校的总体要求。学校要牢固树立依法办事、尊重章程、法律规则面前人人平等的理念，建立公正合法、系统完善的制度与程序，保证学校的办学宗旨、教育活动与制度规范符合民主法治、自由平等、公平正义的社会主义法治理念要求；要以建设现代学校制度为目标，落实和规范学校办学自主权，形成政府依法管理学校，学校依法办学、自主管理，教师依法执教，社会依法支持和参与学校管理的格局；要以提高学校章程及制度建设质量、规范和制约管理权力运行、推动基层民主建设、健全权利保障和救济机制为着力点，增强运用法治思维和法律手段解决学校改革发展中突出矛盾和问题的能力，全面提高学校依法管理的能力和水平；要切实落实师生主体地位，大力提高自律意识、服务意识，依法落实和保障师生的知情权、参与权、表达权和监督权，积极建设民主校园、和谐校园、平安校园。

## 三、加强章程建设，健全学校依法办学自主管理的制度体系

5. 依法制定具有自身特色的学校章程。学校起草制定章程要遵循法制统一、坚持社会主义办学方向的基本原则，以促进改革、增强学校自主权为导向，着力规范内部治理结构和权力运行规则，充分反映广大教职员工、学生的意愿，凝练共同的理念与价值认同，体现学校的办学特色和发展目标，突出科学性和可操作性。高等学校要依据《高等学校章程制定暂行办法》制定或者修改章程，由教育部或者省级教育行政部门核准；普通中小学、幼儿园、中等职业学校章程，由主管教育行政部门核准。到2015年，全面形成一校一章程的格局。经过核准的章程，应当成为学校改革发展、实现依法治校的基本依据。

6. 提高制度建设质量。学校制定章程或者关系师生权益的重要规章制度，要遵循民主、公开的程序，广泛征求校内外利益相关方的意见。重大问题要采取听证方式听取意见，并以适当方式反馈意见采纳情况，保证师生的意见得到充分表达，合理诉求和合法利益得到充分体现。要依据法律和章程的原则与要求，制定并完善教学、科研、学生、人事、资产与财务、后勤、安全、对外合作等方面的管理制度，建立健全各种办事程序、内部机构组织规则、议事规则等，形成健全、规范、统一的制度体系。章程及学校的其他规章制度要遵循法律保留原则，符合理性与常识，不得超越法定权限和教育需要设定义务。学校章程和规章制度，应当加以汇编并公布，便于师生了解、查阅。有网络条件的，应当在学校网页上予以公开。涉及师生利益的管理制度实施前要经过适当的公示程序和期限，未经公

示的，不得施行。

7. 建立规范性文件审查与清理机制。学校要设立或者指定专门机构，按照法制统一的原则，对校内规章制度进行审查。对与上位法或者国家有关规定相抵触，不符合学校章程和改革发展要求，或者相互之间不协调的内部规范性文件和管理制度，要及时修改或者废止，保证学校的规章制度体系层次合理、简洁明确、协调一致。要建立规范性文件管理制度定期清理制度，清理结果要向师生公布。新的教育法律法规、规章或者重要文件发布后，要及时对照修订校内相应的规章制度。

## 四、健全科学决策、民主管理机制，完善学校治理结构

8. 依法健全科学民主决策机制。要依法明确、合理界定学校内部不同事务的决策权，健全决策机构的职权和议事规则，完善校内重大事项集体决策规则，大力推进学校决策的科学化、民主化、法治化。要进一步加强和改善党对学校的领导，按照《中国共产党高等学校基层组织工作条例》，在公办高等学校完善党委领导下的校长负责制；在中小学、民办学校充分发挥基层党组织的政治核心作用。依法明确高等学校党委会、校长办公会的职权范围和决策规则，发挥学术委员会、学校理事会（董事会）等组织在决策中的作用；中小学要健全校长负责制，建立有教师、学生及家长代表参加的校务委员会，完善民主决策程序；职业学校要建立有行业企业人员参加的学校理事会或董事会，形成校企合作决策机制；民办学校和中外合作办学机构要健全学校董事会或者理事会的议事规则，依法按期开会履行法定职责。健全决策程序。有关学校发展规划、基本建设、重大合作项目、重要资产处置以及重大教育教学改革等决策事项，应当按照有关规定，进行合法性论证，开展合理性、可行性和可控性评估，建立完善职能部门论证、邀请专家咨询、听取教师意见、专业机构或者主管部门测评相结合的风险评估机制。要以教学、科研为中心，积极探索符合学校特点的管理体制，克服实际存在的行政化倾向，实现行政权力与学术权力的相对分离，保障学术权力按照学术规律相对独立行使。

9. 完善决策执行与监督机制。要在学校内形成决策权、执行权与监督权既相互制约又相互协调的内部治理结构，保证管理与决策执行的规范、廉洁、高效。按照精简、高效的原则和为教师、学生提供便利服务的要求，自主设置职能部门，明确职能部门的职责、权限与分工，健全重要部门、岗位的权力监督与制约机制，完善预防职务犯罪和商业贿赂的制度措施。除依法应当保密或者涉及学校特定利益需要保密的事项外，决策事项、依据和结果要在校内公开，允许师生查阅。在重大决策执行过程中，学校要跟踪决策的实施情况，通过多种途径了解教职员工

及有关方面对决策实施的意见和建议，全面评估决策执行效果，并根据评估结果决定是否对决策予以调整或者停止执行。公办学校因违反决策规定、出现重大决策失误、造成重大损失的，要按照谁决策、谁负责的原则追究责任。

10. 完善民主管理和监督机制。要落实《学校教职工代表大会规定》，充分发挥教职工代表大会作为教职工参与学校民主管理和监督主渠道的作用。学校专业技术职务评聘办法、收入分配方案等与教职工切身利益相关的制度、事务，要经教职工代表大会审议通过；涉及学校发展的重大事项要提交教职工代表大会讨论。要扩大教职工对学校领导和管理部门的评议权、考核权。要积极拓展学生参与学校民主管理的渠道，进一步改革完善高等、中等学校的学生代表大会制度，推进学生自主管理。制定涉及学生利益的管理规定，要充分征求学生及其家长意见。要扩大有序参与，加强议事协商，充分发挥教职工代表大会、共青团、学生会等群众组织在民主决策机制中的作用，积极探索师生代表参与学校决策机构的机制。

11. 建立中小学家长委员会制度。中小学、幼儿园应当逐步建立健全家长委员会制度。家长委员会承担支持教育教学工作、参与和监督学校管理、促进学校与家庭沟通、合作等职责，其成员应当由全体家长民主选举产生。学校应当提供必要条件，保障家长委员会对学校、教师的教育教学、管理活动实施监督，提出意见、建议；应当定期与家长委员会成员进行沟通，听取意见。学校实施直接涉及学生个体利益的活动，一般应由学校或者教师提出建议和选择方案，并做出相应说明，提交家长委员会讨论，由家长自主选择、做出决定。要积极探索完善家长委员会的组织形式和运行规则，不断扩大家长对学校办学活动和管理行为的知情权、参与权和监督权。

12. 依法健全社会参与机制。要积极探索扩大社会参与学校办学与管理的渠道与方式。中小学要加强与所在社区的合作，积极开展社区服务，创造条件开放教育资源和公共设施，参与社区建设，完善与社区、有关企事业组织合作共建的体制、机制。健全兼职法制副校长的聘任办法和任职要求，探索借助社会资源和力量，加强学校安全管理、开展法制和其他有针对性的教育教学活动，改善学校周边环境。职业学校、高等学校要积极扩大社会合作，在决策咨询、教学科研、安全管理、学生实习实践等方面更多引入社会资源，健全制度，扩大社会参与的广度与深度。

## 五、依法办学，落实师生主体地位，形成自由平等公正法治的育人环境

13. 依法组织和实施办学活动。学校办学活动应当以育人为本，全面贯彻党和国家教育方针，切实依法规范办学行为，全面执行国家课程方案和课程标准，注

重教育教学效果，形成良好的校风、教风和学风。要严格依法依规招生，建立内部制衡机制和社会监督机制，保证招生制度、选拔机制的公平、公正，招生活动的规范、透明。学校不得违背法律原则和国家有关规定，擅自设立有区别的招生条件或规则。要健全教育教学管理制度，在专业设置、课程安排、教材选择等环节建立评估机制，建立教学质量的评估和反馈机制。要依据有关规定，完善管理制度，对学校内设机构开展或者参与经营性培训活动进行规范，保证不影响学校正常的教育教学活动。要落实教师职业道德规范，明确教师行为规则，坚决杜绝教师违反法定义务和国家规定，利用自身特定职权谋取不当利益的行为。

14. 依法建设平等校园环境。大力弘扬平等意识，在体制和制度上落实和体现师生平等、性别平等、民族平等、管理者与师生平等的理念。全面落实面向每个学生、平等对待每个学生的原则，消除以不当形式对学生进行分类、区别对待以及带有歧视的制度、言行。要切实保障残疾人的平等受教育权利，不得以非法理由拒绝招收残疾学生。要为残疾学生平等、无障碍地参与学校生活提供必要条件和合理便利。

15. 尊重和保护学生权利。要完善制度规则，健全监督机制，保证学生在使用教育教学设施、资源，获得学业和品行评价，获得奖学金及其他奖励、资助等方面受到平等、公正对待。学生管理制度应当以学生为中心，体现公平公正和育人为本的价值理念，尊重和保护学生的人格尊严、基本权利。对学生进行处分，应当做到事实清楚、定性准确、依据充分、程序正当，重教育效果，做到公平公正。作出不利处分前，应当给予学生陈述与申辩的机会，对未成年学生应当听取其法定监护人的意见。对违反学校纪律的学生，要明确处分的期限与后果，积极教育挽救。要保障学生的人身权、财产权和受教育权不受非法侵害，杜绝体罚或者变相体罚、限制人身自由、侵犯人格尊严、违法违规收费，以及由于学校过错而造成的学生伤害等侵权行为，以及教师、学校工作人员对学生实施的违法犯罪行为。

16. 尊重和保障教师权利。学校要依据《中华人民共和国教师法》和相关法律法规的规定，进一步建立和完善教师聘任和管理制度，制定权利义务均衡、目标任务明确，具有可执行性的聘任合同，明确学校与教师的权利与义务，依法聘任教师，认真履行合同。要依法在教师聘用、职务评聘、继续教育、奖惩考核等方面建立完善的制度规范，保障教师享有各项合法权益和待遇。要充分尊重教师在教学、科研方面的专业权力，学术组织中教师代表的比例不低于1/2。要落实教师职业道德规范，强化师德建设，明确教师考核、监督与奖惩的规则与程序。

17. 建立健全学术自由的保障与监督机制。要依法建立健全保障师生的研究自由、学习自由和学术自由的体制、机制。健全学术评价制度，保障各种学术评价机构独立开展活动，建立公平、公正的学术评价标准和程序。要建立灵活的教学管理制度，鼓励、保护学生自主、自由的学习，形成有利于创造性人才成长的制度环境。要明确教师课堂教学的行为规则和基本要求，保障教师根据课程的有关要求，科学安排教学内容和方法，充分、正当地行使教学的专业自主权，提高课堂教学的质量与效果。要建立完善对违反学术规范、学术道德行为的认定程序和办法，维护良好的学术氛围。

18. 大力推进信息公开和办事公开。学校配置资源以及实施干部选拔任用、专业技术职务评聘、岗位聘任、学术评价和各种评优、选拔活动，要按照公开公正的原则，制定具体的实施规则，实现过程和结果的公开透明，接受利益相关方的监督。要按照《高等学校信息公开办法》以及中小学信息公开的规定，建立健全信息公开的机构、制度，落实公开的具体措施，保证教职工、学生、社会公众对学校重大事项、重要制度的知情权，重点公开经费使用、培养目标与课程设置、教育教学质量、招生就业、基本建设招投标、收费等社会关注的信息。要创新公开方式、丰富公开内容，建立有效的信息沟通渠道，使学生、家长以及教师对学校的意见、建议能够及时反映给学校领导、管理部门，并得到相应的反馈。学校面向师生提供管理或者服务的职能部门，要全面推进办事公开制度，公开办事依据、条件、要求、过程和结果，充分告知办事项目有关信息，并公开岗位职责、工作规范、监督渠道等内容，提供优质、高效、便利的服务。

## 六、健全学校权利救济和纠纷解决机制，有效化解矛盾纠纷

19. 依法健全校内纠纷解决机制。要把法治作为解决校内矛盾和冲突的基本方式，建立并综合运用信访、调解、申诉、仲裁等各种争议解决机制，依法妥善、便捷地处理学校内部各种利益纠纷。要特别注重和发挥基层调解组织、教职工代表大会、学生团体和法制工作机构在处理纠纷中的作用，建立公平公正的处理程序，将因人事处分、学术评价、教职工待遇、学籍管理等行为引发的纠纷，纳入不同的解决渠道，提高解决纠纷的效率和效果。要尊崇法律、尊重司法。对难于在校内完全解决的纠纷，应当按照法定程序，提交有关行政机关、仲裁机构、社会调解组织或者司法机关依法解决。对师生与学校发生的法律争议，学校应当积极应诉，认真落实法律文书要求学校履行的义务。

20. 完善教师学生权利救济制度。学校要设立教师申诉或者调解委员会，就教师因职责权利、职务评聘、年度考核、待遇及奖惩等，与学校及有关职能部门之间发生的纠纷，或者对学校管理制度、规范性文件提出的意见，及时进行调处，做出申诉结论或者调解意见。教师申诉或者调解委员会应当有广泛的代表性和权

威性，成员应当经教职工代表大会认可。完善学生申诉机制。学校应当建立相对独立的学生申诉处理机构，其人员组成、受理及处理规则，应当符合正当程序原则的要求，并允许学生聘请代理人参加申诉。学校处理教师、学生申诉或纠纷，应当建立并积极运用听证方式，保证处理程序的公开、公正。

21. 健全安全管理及突发事件的应急处理机制。各级各类学校、幼儿园要根据学生的身心特点和认知能力，完善校园安全管理制度，落实对学生教育与管理的法定职责，健全学校安全事故、突发事件应急处理机制，切实保障学生、教师的人身权和财产权，维护学校秩序的稳定。要积极借助政府部门、社会力量、专业组织，构建学校安全风险管理体系，形成以校方责任险为核心的校园保险体制，建立学校安全风险管理制度、学生伤害事故调解制度，健全安全风险的事前预防、事后转移机制，建设平安、和谐校园。

## 七、深入开展法制宣传教育，形成浓厚的学校法治文化氛围

22. 切实加强对学校领导干部、职能部门工作人员依法治校意识与能力的培养。学校管理者要带头增强学法遵法守法用法意识，牢固树立依法办学、依据章程自主管理、公平正义、服务大局、尊重师生合法权益的理念，自觉养成依法办事的习惯，切实提高运用法治思维和法治方式深化改革、推动发展、化解矛盾、维护稳定的能力，准确把握权利与义务、民主与法治、实体与程序、教育与惩戒的平衡，实现目的与手段的有机统一。学校领导任职前，主管教育行政部门应当以适当方式考察其掌握相关法律知识和依法治校理念的情况。学校要高度重视内部职能部门管理理念和方式的转变，切实提高职能部门工作人员依法、依章程办事，为师生服务的意识。

23. 全面提高教师依法执教的意识与能力。要认真组织教师的法制宣传教育，在教师的入职培训、岗位培训中，明确法制教育的内容与学时，建立健全考核制度，重要的和新出台的教育法律、法规要实现教师全员培训。要围绕全面推进依法治校的要求，组织教师深入学习有关落实国家教育方针、规范办学行为、维护教师合法权益、保障教职工民主管理权的法律规定，明确教师的权利、义务与职责，切实提高广大教职员工依法实施教育教学活动、参与学校管理的能力。对专门从事法制教育教学的教师，要组织参加专门培训，提高其对法治理念、法律意识的理解与掌握程度。

24. 加强和改善学生法制教育。认真落实教育系统普法规划的要求，开展好"法律进课堂"活动。中小学要将学生法治意识、法律素养，作为素质教育的重要内容，在学生综合素质评价中予以体现。要深入开展学生法制教育的理论与实践

研究，不断丰富法制教育的形式与内容，使学生通过课堂教学、主题活动、社会实践等多种方式，掌握法律知识，培养法治理念。要把法治文化作为校园文化建设的重要组成部分，将平等自由意识、权利义务观念、规则意识、契约精神等理念，渗透到学生行为规则、日常教学要求当中，凝练到学校校训或者办学传统、教育理念当中，营造体现法治精神的校园文化氛围。要适当加大对《儿童权利公约》《残疾人权利公约》等我国签署加入的重要国际公约的宣传教育，培养学生建立对多元文化、少数人群和弱势人群权利的尊重与平等意识。

## 八、加强组织与考核，切实提高依法治校的能力与水平

25. 完善依法治校工作机制。学校要将依法治校纳入整体工作规划，明确学校领导班子、各级职能部门、工作岗位的职责，建立健全工作要求与目标考核机制。要将依法治校情况作为年度工作的专门内容，向教职工代表大会进行报告，并同时报送主管教育行政部门。高等学校应当设立或者指定专门机构、中小学应当指定专人负责学校法律事务、综合推进依法治校，有条件的学校，可以聘请专业机构或者人员作为法律顾问，协助学校处理法律事务。学校的法制工作机构或人员在学校的决策、管理过程中要发挥参谋和助手作用，对学校出台的有关管理措施、对外签订的合同、实施改革方案等，要进行合法性评估、论证。

26. 健全依法治校考核评价机制。教育行政部门要把依法治校情况，作为对学校进行综合评估重要方面，在对学校办学和管理评估考核中，更加突出依法治校综合考核的作用，减少对学校具体办学与管理活动的干扰。要完善校长选任和考核制度，把依法治校的情况，作为考核学校领导班子的重要指标，创新考核评价机制，采取多种途径听取师生和社会公众的意见。各级教育行政部门都要建立由法制工作机构或者其他综合部门牵头负责的推进依法治校工作机制，加强对学校依法治校工作的指导，健全学校领导依法治校能力培训和考核制度，采取有效措施，推动和鼓励学校积极实践，不断创新推进依法治校的制度、机制。

## 九、转变政府职能，加强对学校依法治校的保障

27. 切实转变对学校的行政管理方式。各级教育行政部门要大力推动依法治校工作，严格依法行政，按照法律规定的职责、权限与程序对学校进行管理，规范行政权力的行使。要切实转变管理学校的方式、手段，从具体的行政管理转向依法监管、提供服务；切实落实和尊重学校办学自主权，减少过多、过细的直接管理活动。要主动协调其他有关部门为学校解决法律问题，保障学校的办学自主权

和合法权益，积极开展校园及周边环境的治理工作，依法维护校园安全，为学校改革发展创造良好外部环境。

28. 依法建立健全对学校的监督和指导机制。教育行政部门要积极探索建立教育行政执法体制机制，健全行政执法责任制，提高行政执法能力，实现依法对学校办学与管理行为的监督和管理。要遵循法定职权与程序，积极运用行政指导、行政处罚、行政强制等手段，依法纠正学校的违法、违规行为，保障法律和国家政策有效实施。对公办学校实施违反国家法律和政策规定的行为，要依法健全对学校及其负责人的问责机制。要建立对学校办学与管理活动中违法行为的投诉、举报机制，引入社会监督和利益相关人的监督，进一步健全教师、学生的行政申诉制度，畅通师生权利的救济渠道，改革完善行政监管机制。要建立学校规章和重要制度的备案制度，及时纠正学校有悖法律规定和法治原则的规定。

29. 深入开展依法治校示范学校创建活动。推进依法治校要立足学校需求，结合实际、分类指导、示范引领。不同层次、不同类型的学校要根据本纲要，结合自身特点和需要，制定本校依法治校的具体办法。地方各级教育行政部门要及时总结在依法治校实践中形成的典型经验与成功做法，完善对不同层次、类型学校依法治校的具体要求，分类实施指导。要进一步完善依法治校示范校的评价标准，将依法治校示范学校创建活动制度化、规范化，在国家和地方层面，开展依法治校示范学校创建活动，积极推广典型经验，推动各级各类学校依法治校水平的整体提高。

# 参 考 文 献

[1]  马焕灵 . 全面推进依法治校实施纲要学习读本 [M]. 北京：世界图书出版公司，
    2014.

[2]  张维平，张诗亚 . 中小学依法治校实用全书 [M]. 北京：世界知识出版社，2012.

[3]  石连海 . 最新教师法治教育读本 [M]. 北京：中国法制出版社，2016.

[4]  孙金鑫，沙培宁，杨晓梦 . 治与理：聚焦中小学管理核心竞争力 [M]. 北京：北
    京师范大学出版社，2017.

[5]  张继华，何杰 . 现代中小学管理新编 [M]. 南京：南京大学出版社，2015.

[6]  刘京秋，奥威 . 校长管理手册：美国中小学校长成功管理之路 [M]. 北京：中国
    财经出版社，2007.

[7]  全国普法办公室 . 全国中小学教师：学校管理者学法用法读本 [M]. 北京：法律
    出版社，2013.

[8]  李晓燕 . 中小学教师法律法规研修手册——基于师德的视角 [M]. 北京：高等教育
    出版社，2013.

[9]  中宣部、司法部、全国普法办法治教育读本编写组 . 中小学法治教育读本 [M].
    北京：法律出版社，2017.

[10] 李潮海 . 未来教育家：中小学校长队伍建设研究 [M]. 北京：高等教育出版社，
    2016.

[11] 万华 . 中小学依法治校的误区及其消解策略 [J]. 中国教育学刊，2016（8）：28–31.

[12] 王坤山 . 关于中小学"依法治校"的几点思考 [J]. 知音励志，2016（22）.

[13] 戴欣 . 依法治校：在于"一把手"法治素养的提升 [J]. 新教育，2016（17）：7–8.

[14] 曾瑜 . 论中小学校长在依法治校中的角色定位 [J]. 现代教育科学，2015（12）：
    76–78.

[15] 汪莉.中小学法治文化建构与培植路径探析 [J].教育科学论坛，2015（14）：31–34.

[16] 汪莉，方芳.中小学法治教育的实践与成效提升探究 [J].天津市教科院学报，2015（4）：16–18.

[17] 吴学东.刍议加强中小学校依法治校 [J].吉林教育，2015（21）：26.

[18] 方芳，汪莉，赵亮.天津市中小学依法治校指标体系研究 [J].天津市教科院学报，2015（3）：49–52.

[19] 李泽忠.中小学校长分类分层培训模式探索——以重庆文理学院中小学校长培训为例 [J].教育咨询（教育科研），2011（7）：7–8.

[20] 任永泽.对中小学依法治校的再思考 [J].广东教育（综合版），2017（9）：51–53.

[21] 陈俊杰.中小学校园欺凌的法律治理探索 [J].现代教育，2017（18）：46–48.

[22] 陈兴安.教育法治视域中的中小学校长负责制探析 [J].天津市教科院学报，2016（5）：62–65.

[23] 张志勇.中小学校长如何依法治校 [J].中小学校长，2014（5）：2.